沈寧——著

閒話徐志摩

目 次

從「徐悲鴻天價假畫事件」談起

一

2010年6月，北京九歌國際拍賣有限公司在春拍中，以7280萬元人民幣的價格，成功拍出了名為《人體蔣碧微女士》的「徐悲鴻油畫」。在宣傳中，拍賣公司稱：此作品由海外著名藏家提供，是徐悲鴻油畫寫生一個重要的代表。這幅油畫蔣碧微立像，是完全能反映徐悲鴻油畫造型特徵的重要作品。畫面中模特兒蔣碧微女士以變化中的S造型為繪畫原型，四分之三的側面塑造加上天光畫室的投影，把人體結構充分地猶如雕塑般地展現眼前，表現出徐先生法國古典學院畫派傳承嚴謹的學院基礎。雖然歷史過去近半個世紀，但油畫這種特有的寫真魅力讓畫中人似往昔一般鮮活呈現眼前。此次該油畫的價值新高，打破了徐悲鴻油畫藝術作品的拍賣紀錄，其歷史價值、藝術價值、市場價值必將成為其藝術市場判斷的價值標竿云云。該油畫的拍賣資訊曾被發佈於多家網站，同時配發的還有「徐悲鴻長子徐伯陽」所出示的「背書」和「徐伯陽與這幅畫的合影」，以證明該畫為「徐悲鴻真跡」。背書文曰：「此幅油畫《裸女》確係先父徐悲鴻之真跡為先父早期作品為母親保留之遺物　徐伯陽（鈐印）二〇〇七

年九月廿九日」。然而2011年9月15日，《南方日報》的一封關於「徐悲鴻油畫造假」的質疑公開信，卻將這幅拍出已一年多的油畫再次推上了風口浪尖。十位中央美院油畫系首屆研修班的學員聯名指出，這幅畫是當年他們研修班的習作之一！發出這封公開信的目的十分簡單，那就是告知公眾事實真相，並希望引起重視，以完善文化市場。

軒然大波襲擊了美術圈內、收藏界乃至全社會：知情者聯手將同一場景實習作品刊登示眾；畫家陳丹青立即發表評論表示該作純係「指鹿為馬」；徐悲鴻研究專家呂立新在接受央視採訪時

1.1　所謂《裸女　蔣碧微像》，收入徐悲鴻紀念館編《徐悲鴻美術全集》（第一部），四川美術出版社，2011年5月

表示：「沒有文獻證明徐悲鴻畫過這樣的畫。」北京徐悲鴻紀念館工作人員通過間接採訪，指出該作與蔣碧微本人在人體局部特徵上有所差異。一時間輿論譁然，刊登徐悲鴻作蔣碧微油畫像與所謂「人體蔣碧微女士」作品圖版以示比較者有之；主張用科學技術手段對畫作驗證者有之；拍賣公司受到質疑；免責聲明、保真招牌存在尷尬與爭議；更有網友指責徐伯陽認錢不認娘，「知假買假」……；呼籲遠離收藏以避免充當「冤大頭」；有位網友這樣總結到：這幅假畫起碼給我們兩點啟示：其一，拍賣往往不是奔著藝術去的；其二，天價拍賣也可能一文不值。明白這些，對於今天的藝術品拍賣，還是多抱一點遊戲心態吧。[①]……凡此種種，不一而論。

徐伯陽作為輿論焦點（主要針對「背書」而言），始終沒有見到他出面或發表文章對澄清事件真相進行表態。筆者也是百思不得其解：這位生長在藝術之家，曾考取過北平藝專油畫系（後轉音樂系），對美術特別是人體造型當有一定知識、對其母親早年體態、相貌特徵，特別是對其父創作風格應相當瞭解者，為何出現如此低級辨識差誤，進而白紙黑字地寫出鑒定證明文字？這樣說並非沒有依據，就我所見公開發表的徐蔣夫婦攜子伯陽的照片中，是徐悲鴻與子女合影中為數最多的；徐悲鴻所繪子女畫作中，也以早年徐伯陽為多，只要翻閱一下編輯出版的有關徐悲鴻作品集中，就可以證明此言不虛。

從另一方面取證：1978年蔣碧微去世後不久，徐伯陽轉道香港申請赴臺灣繼承遺產，主要是繼承那批父母離異時，徐悲鴻按照協議為蔣碧微所繪百幅畫作之劫後遺存和其他物品。適逢政治外交及

海峽兩岸局勢緩和，在父輩眾多友人的熱心幫助之下，徐伯陽破例享受特殊待遇，得以提前在1982年抵達臺北，順利辦理了繼承遺產手續。1990年，徐伯陽在香港中環大會堂七樓展廳舉辦了藏畫展，展出所藏其父作品（繼承蔣碧微舊藏及北京徐悲鴻紀念館按國家相關繼承法條文繼承之作品）及為數不多之明清書畫藏品。同時，印製出版有大16開36頁的《徐伯陽藏畫展》圖錄。筆者僅在孔夫子舊書網上查閱到該冊圖錄書影，有興趣者，可以查閱該冊中是否收錄其「先父早期作品，為母親保留之遺作」的這幅《人體蔣碧微女士》作品，也是辨析該作是否真偽的又一憑證。據當時宣傳藏畫展的報導文章和同時刊發的徐悲鴻作品圖版，明確指出《徐伯陽珍藏乃母裸體炭畫》，而這幅蔣碧微裸體炭畫作品似應當收錄到該圖冊中的。此為徐伯陽熟悉乃父畫作風格及母親體貌特徵的又一憑證。

徐蔣二位共同的好友常任俠先生，曾在該炭畫像剪報下題識：「此為蔣碧微徐夫人像，徐氏在巴黎，短于資，無錢聘模特，蔣碧微自任之，即伯陽之母也。」耄耋老人尚有如此眼力，況其親生骨肉乎？

1.2　常任俠先生題識（黏貼剪報局部）

二

　　1953年9月26日，徐悲鴻在北京病逝。常任俠先後發表了〈哀悼徐悲鴻先生〉、〈名畫家徐悲鴻光輝的一生〉、〈徐悲鴻先生〉、〈徐悲鴻的生活和創作〉諸文，對其刻苦求學、勇於創新、提倡寫實主義、將現實主義藝術思想付諸於新藝術的培養工作上，給予極高的評價。指出徐悲鴻不僅是位天才的藝術家，而且是始終保持了民族氣節的愛國主義者。在他的許多成功作品中，常常深刻地反映了人民的感情，獨具民族藝術的風格。至於徐常二人介乎師友之誼，在長達二十餘年的交往中，相互尊敬、幫助，留下的鮮為人知的史事：常任俠對徐悲鴻與孫多慈師生戀的解讀；困境中的常任俠得到徐悲鴻的援手；圍繞「悲鴻生命」之《八十七神仙卷》失竊事件的前因後果揭祕；徐悲鴻鼓勵常任俠研究印度藝術並發表研究文章；常任俠曾受徐悲鴻囑託為其撰寫傳記；常任俠為徐悲鴻紀念館籌建、保護、擴建及鑒定作品竭盡全力，默默地盡著對逝者的無限哀思……，所有這些，僅僅濃縮為一句「關於我同徐先生二十餘年的交誼，我對於他的尊敬，這裏不再申述了。」（〈徐悲鴻先生〉）而在以後數十年中，我們也再沒能讀到專門講述二人之間友誼的回憶文章，令人深感遺憾。筆者多年前曾有幸親聆常任俠先生談及與徐悲鴻、蔣碧微夫婦交往情況，又據查閱相關資料，整理成文，以饗讀者。限於篇幅，這裏僅揀選三人間有關收藏鑒定文物書畫的往事來談談。

抗日戰爭結束後,淪陷時北平的八所院校合編為「教育部特設北平臨時大學補習班」,國立北平藝專為「第八分班」,由美學家鄧以蟄任接管主任。徐悲鴻先生受教育部聘北上接收復員該校,他抱著「決意將該校辦成一所左的學校」的信念,一到北平即抓緊籌備工作,誠如徐氏所言:「本校雖為接收舊校,而實際等於創新,因原系與學制均有改變。」 除聘請了吳作人擔任教務主任,王臨乙、葉麟趾、葉淺予、趙梅伯等分別擔任繪畫、雕塑、圖案、陶瓷、音樂諸科主任,同時廣羅藝術人才,增強師資力量,並將原三年學制改為五年,使北平藝專教學與創作得到迅猛發展。同年10月28日,北平藝專正式開學。在籌建新校的緊張日子裏,徐悲鴻對校藏古舊書畫進行了認真鑒定後,特於9月28日下午在校內舉行記者招待會。他在報告該校組系、學制等情況後,「特別聲明該校由教育部特派員辦公處移交之一百四十四件書畫,其表冊上之名字,均為古畫,頗具價值,然經考查之後,即知全部為假者。此批書畫,係由薛慎微售與日本小谷者,故徐氏曾作笑語稱,薛某之能聚如許贗品,實為驚人,而日人小谷實一笨蛋,所以站在狹義的國家立場言之,則中國勝利,蓋日人被騙而受損失也。」②徐悲鴻高深精湛的藝術鑒賞力和富於愛國主義精神,於此可略見一斑。

薛慎微(1905-1985)其人,在當今已鮮為人知。但提到中國當代八大名旦之一、被稱為「小張君秋」的薛亞萍,則是喜歡京劇的人士廣為熟知的。其外祖父李春恆是著名銅錘花臉,母親李婉雲是著名梅派青衣,筱派花旦,上個世紀四十年代與吳素秋等人被譽為「四大坤伶」。其父即學養俱優的金石畫家、鑒賞家

和收藏家，故都南城琉璃廠「寶古齋」主人薛慎微也。薛氏早年從學羅雪堂（振玉），研討殷墟書契，攻書畫，善收藏，通岐黃之術。研究者稱羅振玉精明幹練，工於心計，是位既能搞學問，又能經商的奇才。他的生財之道主要有兩個方面：一是編印出版書籍雜誌，一是倒賣中國的古董字畫。這位昔日的薛四爺或許是受到乃師的一些影響，拿手絕活之一就是製造假字畫，並曾多次以舉辦畫展之名販賣這些假字畫。前面提到的這批由教育部特派員辦公處移交北平藝專的字畫，即是戰後日本人小谷晴亮捐獻古玩字畫之一部，經查，均購自薛慎微處。為此，清查團會同地方法院檢察官王金玉，司法警長劉占元等，再赴薛家中檢查，由祕密處所，又查獲貴重書畫十餘件。其中有手卷二卷，長約數丈，內中多係摹仿古人字畫。

1952年，常任俠受聘擔任中央美術學院（即原國立北平藝專）圖書館主任職不久，適逢三反運動開始，在組織對館藏圖籍進行清庫、逐一登記過程中，發現存有這批書畫，遂請示徐悲鴻院長，徐先生即作書講明原委：

本院在1945〔年〕鄧以蟄（清華大學教授）任內所接收到日本人小谷書畫一百四十多件，除近人無甚價值的幾件外，其餘古書畫全是假的。自我來長本校一查看出後，曾單為此事舉行一次記者招待，將各件搬出展覽（知小谷內情者薛君慎微，居宣外永光寺街一號）。這批東西實成本院累贅，損壞既所不許，保存又毫無價值，本院存畫中只有一件明代陸包山的山水畫可以值兩千斤小米。　徐悲鴻六月二十六日

為了慎重起見，常先生曾請來北京故宮博物院的文物鑒定專家張珩諸人，將書畫懸掛於館內四壁，詳細鑒別，並鈐「真」、「假」印章區分之，以便酌情處理。1958年，這批書畫連同其他紈扇、西畫原作、陶瓷、銅鏡等悉由圖書館移交院陳列館統一保管。

　　夙喜文玩鑒賞和收藏的常任俠，正是由了徐悲鴻的引薦，得與經常結伴出入薛氏住宅。查其1949年10月日記：「於徐悲鴻所，觀琉璃廠薛慎微君送來明人《枯木寒鴉》一圖，頗佳。又王紱山水一，趙孟頫書《尚友齋銘》一。聞薛富於收藏，他日當往一觀。」（21日）「下午，徐悲鴻來觀居廉小畫，與同赴學校，悲鴻云慎微藏有司馬相如印，頗欲一觀。」（22日）「在室候徐悲鴻電話，悲鴻云，上午將約李濟深同往觀薛慎微藏品，故候之。」（23日）「二時半至徐悲鴻家，與之同赴外二椿樹下二條甲一號薛慎微家觀畫，先過東總布胡同李宅，約李濟深、呂集義、陳此生等同往。薛藏巨幅大畫多幅，其中清康熙時王雲《工細樓閣山水》（王雲字漢藻，號清癡子，樓臺人物，近似實父，康熙時馳名江淮，寫意山水，得石田遺意，見《高郵州志》），明凌雲翰《宿鵲臥鴨》（明凌雲翰字五雲，善山水，見《畫史會要》），元王若水《寒柯樓禽》，錢舜舉人物橫軸，白樂天墨蹟詩軸，藍田叔大幅山水，均未可多得。臨行時余亟稱其趙昌款花鳥小立軸，薛即舉以相贈，余堅辭不受，悲鴻代收之。薛又出所藏金石雜件，一司馬相如玉印，頗精好，但篆刻不敢斷為舊物，一盒八大件雪花玉盤，一墨漆古菱花鏡，一傳為甘肅出土骨化石兩段，上刻楔形文字頗多，類巴比侖文，一藏文金寫並彩繪藥王經，一金村出土綠玉環大小一雙，皆是不易發現之物。薛收藏玉

器數百件，不少藝術精工之作也。」（25日）個人收藏如此豐盛，斷非等閒之輩。薛氏的晚年頗潦倒，所藏文物於運動中受到浩劫。垂暮之年，病困交加的老人，將劫後餘存之珍藏楔形文字骨化石銘刻及其他一些文物捐獻國家。1985年10月，北京故宮博物院向薛慎微頒發獎狀、獎金，以表彰他對文物事業的貢獻，讚揚他對祖國文化的一片熱忱。不幸的是同年7月薛氏便已謝世了。其所居之處，隨著近年城區改擴建工程，早已群樓高聳，難辨其詳。欲探訪當年群賢往來蹤跡、考察鑒賞論藝情形，惟有借助於舊版地圖，在腦際中冥思遐想而已。

三

1931年，常任俠自中央大學中國文學系畢業後，受教育系孟憲承先生推薦留任實驗中學級任。課餘參加南京文藝界活動，經常出席中國文藝社的茶會。中國文藝社成立於1930年8月，由張道藩、葉楚傖等人發起，主要成員有鐘憲民、羅寄梅、王平陵等，活動內容有專題演講、文藝討論、招待交際、外出旅行和話劇演出等，另外出版有《文藝月刊》和《文藝週刊》兩刊物，常任俠的詩文就經常出現在那上面。在這豐富多彩的活動中，經常有徐悲鴻與蔣碧微相攜出席的身影，而善於交際的蔣碧微更是成為受人矚目者之一。常任俠與蔣碧微的交往正在此時。抗戰爆發後，有大批文藝界人士輾轉遷徙至陪都重慶，繼續從事抗敵救亡的文藝活動。常蔣二人於1939年初在重慶重逢會首後，常任俠不時受到蔣碧微邀約出席文藝晚會，也曾赴蔣處茗茶暢談，觀

賞藏品，為之鑒定真偽。1942年，常任俠任教四川省立教育學院及國立藝專，蔣亦在教育學院圖書館任職，往來交談更為便捷。期間，常任俠與蒙古族女友汪綏英相戀，曾持汪照示於蔣前，蔣極贊其美。常更請為之推薦工作，得到成功。蔣碧微有本羊皮面的精緻紀念冊，上面留下許多中外名流和藝術界人士的墨蹟，自然也包括才華橫溢的詩人、學者常任俠的墨寶，那是早年間詞作〈鷓鴣天〉一首：

> 銀漢興波未許填，翻為決絕更情牽。疏簾雕玉魂搖押，密字真珠淚滿箋。人寂寂，雨綿綿。有花枝處有鞦韆。羅衫不耐春陰薄，破盡醉釅似去年。
>
> 十餘年前所為小詞，至今仍未能忘，敬呈碧微先生教正
>
> 　　　　　　　　　　　　　　　　　　　任俠

1.3　常任俠為蔣碧微紀念集
　　 題詞手跡

該詞情感悱惻，深婉曲折，淒美靈動，別出遠神。作者曾有《冰廬瑣憶》述其來歷：「青年時好為小詞，於唐喜誦義山及五代人作，於清則喜定盦。1922年入南京美專，得南社詩人姚鹓雛先生指引，讀漢魏人詩，側豔之辭稍減。1928年入南京中大中國文學系，從王伯沆師學詩及散文，吳梅師學曲，汪東師學詞。同席胡壽華，綏遠人，淑姿溫婉，和善宜人。喜與促坐，相共言笑。同學一年，壽華去滬不回，時時縈念，為小詞云。」胡壽華者女作家關露也，曾因受到中共指派打入敵偽從事地下活動，而在中華人民共和國成立後受到「潘漢年案」牽連，遭受審查羈押，飽經坎坷，終以自殺了其一生，時在1982年冬。

　　題詞為書畫家黃苗子所見，深致愛賞，損書見索，並騰自作一詞見貽。常題詞收入徐伯陽編《蔣碧微紀念冊》，黃信札見之於沈寧編《冰廬錦箋：常任俠珍藏友朋書信選》，[③]畫冊書翰相映，珍品見證友情，成就一段藝壇佳話。

　　1945年夏秋之間，徐蔣婚姻走到盡頭，雖經各方友人說項調解，破鏡已難重圓。作為見證者之一的常任俠在日記中有如下記載：7月20日：「蔣碧微來談良久。」8月3日：「往訪沈鈞儒先生，沈為徐悲鴻之委託律師，與蔣碧微辦離婚手續，擬為調解。」8月5日：「晨由中大渡江，至磐溪徐悲鴻處，為之商洽與蔣碧微離婚條件，畫一百張，款一百萬元，悲鴻已允，惟精神未復元。畫須分期繳付耳。」8月7日：「晨，作書寄蔣碧微，勸其與悲鴻和平解決離婚事件。訪沈鈞老，並以此意告之。」據蔣碧微《我與悲鴻》記述：「一九四五年十二月一日，簽字離婚儀式在重慶市沙坪壩，重大教授宿舍，張聖奘先生的家裏舉行，

到場人士除了我和徐先生，證明律師沈鈞儒先生以外，還有張氏夫婦，以及兩位證人，馬壽徵、呂斯百兩位先生，以及我的女兒麗麗。」此時的常任俠已受聘印度國際大學，經荷蘭外交家高羅佩的幫助，飛抵加爾各達郊外的聖蒂尼克坦，在飄浮著鳥語花香的詩境般寂靜校園中，從蒙古調的斷弦餘音中，平復著一度消沉的思緒，轉而將精力投入到從事中印文化史的研究工作。偶爾凝望著牆壁中那斑斑色彩遺跡，遙想當年徐悲鴻在此居住時，揮毫創作出《泰戈爾像》、《群馬》及氣勢磅礴的巨作《愚公移山》時景象，回思那曾經的友誼。他們以書信傳達著各自的生活、創作和研究工作情形，抒發著思念之情。對好友的勞燕分飛，常任俠一直心存遺憾，他在晚年回憶這段經歷時寫到：「時徐悲鴻先生託余為之重婚，囑向夫人道念。事有轉機，而張道藩輒來，夫人頗贊張之才情，意有所向。事不能諧，余亦不能耐。一日余問夫人，視我才情形貌如何？夫人曰：您也俊偉可喜。余曰：吾自視不如悲鴻遠甚，願好自擇之。某日向悲鴻先生覆命，見侍其側者，掩面而泣，心有不忍，遂不再言。」④他始終堅持認為徐對孫多慈愛其才華，與蔣碧微是患難夫妻，離異是一悲劇。

　　蔣碧微於1978年12月16日在臺北病逝。生前出版了被譽為「中國第一部女人自傳」的回憶錄，分《我與悲鴻》和《我與道藩》兩部分，以其獨特的視角和紀實性的文字，寫出了自己與兩位不同性格和才情的男子間相互各異的情感經歷，一時博得讀者青睞，成為影響極廣的海外暢銷書。鑒於當時兩岸阻隔，尚未實現「三通」，大陸讀者知之不多，即有所得，入境檢查時也往往遭到扣留。吳作人先生有次出國訪問時，一位美籍華人女作家送

給他一本《蔣碧微回憶錄》，但在入境過海關時被沒收了，後來這本書被轉到了中國社會科學院圖書館，廖靜文女士就是輾轉讀到這本書，以後又轉借給徐伯陽閱讀的。⑤以中國美術家協會主席和中央美術學院院長、徐悲鴻私淑弟子身份的吳作人尚遭如此境況，其他可以推知。常任俠直到1993年才從友人處借到此書，是香港九龍縱橫出版社的版本。筆者是在1987年從友人處借閱到臺灣皇冠叢書第110種的《蔣碧微回憶錄》第一部：《我與悲鴻》，因被撕去了版權頁，不知是哪年的版本。至於還有第二部《我與道藩》，則是多年後才知道的事情。想來出於政治上的原因，對這位在大陸被視為文藝政客的國民黨高官的記述文字，封鎖得更為嚴厲——儘管孤陋寡聞如筆者，總是囿於諸多論及徐蔣張三角關係或者從階級鬥爭觀念出發的將徐張視為國共兩大藝術陣營代表人物樣式的「研究」文章，至於對徐悲鴻與張道藩私交加以客觀分析，以及兩者間在美術活動、藝術觀等方面對中國現代美術發展產生的影響，則鮮有深層次的專論。《蔣碧微回憶錄》在大陸的授權出版，雖「要求尊重原著，不作刪改」⑥，但與臺灣皇冠版相互對校，文字及圖版均有所刪節。文字部分刪除了有礙政治的術語和涉及第三者的地方；插圖部分幾乎全部刪除或更換。臺灣皇冠版的《我與悲鴻》，封面為徐悲鴻早年在巴黎所繪《韻律》——蔣碧微拉小提琴油畫像，內封襯頁係徐悲鴻為伯陽八月所繪素描像，也是蔣碧微晚年最為喜歡的畫作之一，掛在客廳牆上，懷念阻隔在大陸的親生骨肉。這幅畫作曾被印刷在1990年香港《徐伯陽藏畫展》圖錄的封面上，可見主編者也是知道這幅畫作的深刻含義。再次追索這幅作品的資訊，是在北京保

利2007春季拍賣會·現當代中國藝術日場上，標明「徐悲鴻1928年作 嬰孩時的徐伯陽（29×47.5cm）」紙面素描像，最終以人民幣1,540,000.00高價拍出。這幅寄予無限深情和特殊含義的畫作，最終得到如此的歸宿，於情於理，都是筆者不願多想的。

這裏只想提及一件七十五年前蔣碧微為徐悲鴻畫作打假的事情，讀者自可見仁見智地去理解。「背書」見1936年6月21日南京《新民報》：

墨華緣畫匠竟摹徐悲鴻作品，
當場搜出印章及擬稿，徐夫人依法起訴

名畫家徐悲鴻歷年作畫千餘幅，向委雞鵝巷墨華緣裝裱。十九日突有墨華緣解雇工人周某，至傅厚崗徐宅求見，告發墨華緣店主崇明鴻，專雇畫匠任某，摹繪徐之作品，廉價出售，共數百幀，並帶來假冒畫品四幅，作為證據。適徐因事離京，徐夫人蔣碧微女士，聞訊甚怒，當即電召墨華緣主人崇明鴻來宅質問，崇堅不承認，徐夫人即報告國府路警察局，將崇拘押。據供，摹畫非彼主動，但知係畫匠任某所為。十九日傍晚，警局派員會同徐宅僕人，至夫子廟搜捕，在任宅中搜出假冒徐氏印章五枚，假畫九幅，擬稿廿八件。主犯任某適外出，迄晚七時猶未歸家，警員乃逕至某處將任捕獲。聞已供認摹繪不諱。徐夫人昨（廿）日已延陳耀東律師，依法起訴，追償名譽物質損失。

1.4　墨華緣畫匠竟摹徐悲鴻作品
　　　（1936年6月21日南京《新
　　　民報》）

　　　文中「因事離京」，係指事發當日，正值默社第一次畫展在上海八仙橋青年會九樓舉辦，展出徐悲鴻、潘玉良、陳抱一、朱屺瞻、顏文樑、張充仁、吳作人、呂斯百、汪亞塵、榮君立、周碧初、顧了然、張安治、吳恆勤、錢鑄九等人近作九十餘件，展會至21日止。該會由徐悲鴻與汪亞塵、陳抱一等組織，緣起「吾國藝術，日見衰頹，欲挽此頹風，非有振拔之不可。但振拔之道，與其空唱高腔，不落邊際，不如沉著忍默，實際工作之為得也。同人等有鑑於此，爰有默社之組織，由志趣相近之美

術研究者集合而成，旨在研究藝術互相切磋以增益各自藝術之進展。雅不願高談闊論，標榜虛玄，茲將各人近作，陳列展覽，以共同好，願海內明達，有以教之。取名默社，就是要務實際而不尚高談。」徐悲鴻是否親臨會場，有待查考。實則，在此前後不久的時間內，正是徐孫之戀殃及婚姻之際，或許徐蔣二人都是心不在焉。徐悲鴻輾轉滬、港、粵、桂各地，沒有在南京居住。就在這樣的情景之下，蔣碧微尚能挺身而出，以法律作手段，維護畫家權益，終究不是當時社會環境下多數女性所能辦到的，勇猛若「高山巨瀑」（孫寒冰評語），不能不為之擊掌讚歎。不知事後徐悲鴻先生對此維權壯舉有何反應？再聯想到當今的「假畫事件」，令人不勝欷歔！

四

　　徐悲鴻身為近百年中國畫壇影響巨大的一位劃時代巨匠，其作品一直是國內外買家追捧的對象。由於他的現實主義繪畫風格與創作的嚴謹，特別是中年早逝，使他一生創作的繪畫作品數量有限，而包括油畫、素描、國畫、書法、信札等在內的精品1200多件，他節衣縮食購藏的唐、宋、元、明、清及近代書畫家作品1200多件，以及中外美術書籍、畫片、碑拓10000多件，在其去世後，已由家屬全部獻給了國家，入藏在北京徐悲鴻紀念館。另有少量真跡藏於國內外機構和散落在民間，但藏品數量並不多。

　　近年來隨著中國大陸藝術品市場的興起，大量徐悲鴻贗品氾濫成災，偽作頻頻現身於拍場，且以高額拍賣成交。其品種繁

多，幾乎囊括徐悲鴻創作題材範圍，採取翻版克隆、改頭換面、移花接木、主觀臆造諸手法，運用著錄手段，使贗品參加所謂「大展」，招搖撞騙。有些地區已形成「仿銷一條龍」，視市場需要而加工製作。更有造假者與拍賣公司聯手，採取「知假買假」，抬高物價，用來矇騙買家。製假手段名目繁多，識者不可不防。

THE CHINA PICTORIAL
小朋友
LITTLE FRIENDS

愛的結晶　畫家徐悲鴻君夫人蔣碧微女士及愛子伯陽

1.5　愛的結晶　畫家徐悲鴻君夫人蔣碧微女士及愛子伯陽（《中華圖畫雜誌》1930.7.1 no.1）

　　扭轉我國藝術品市場混亂現狀的思路，應從改變觀念開始，從個人投資者、經營機構，到政府主管、監督部門和法規制定者，都要對藝術品市場所涉及的厲害關係重新認識。針對目前出現的新情況，及時修訂與文物鑒定有關的法律制度，如文物保護法、拍賣法、國家文物鑒定委員會管理規定、職業技能鑒定規定等，以利於藝術品市場健康發展並兼顧各方合法利益。對相關拍賣機構應進行行業規範，專家或鑒定機構及個人，要賦予承擔社會責任和法律責任的義務，以確保投

資、收藏者的合法權益。從收藏、投資藝術品者方面論，需加強藝術修養，提高對藝術品的鑒賞能力。對創作者的經歷、作品產生時代及藝術風格要有所瞭解，練就一雙辨偽求真的火眼金睛，不盲從，不輕信，何患卑鄙的欺詐者原形不畢露？

近日，中國嘉德發佈秋拍計畫，透露將推出徐悲鴻作於1939年的著名油畫人物肖像《珍妮小姐畫像》，有市場人士擔心，由於之前的習作風波，徐悲鴻的拍品行情在即將開啟的秋季大拍中可能受抑；更多行家卻堅信，名家精品的價值不會因為醜聞受影響，不過秋拍中的新手們反倒能因此而被敲警鐘：「不要輕易相信作品以外的任何鑒定輔助手段。」

徐伯陽回憶當年離京赴台前，曾拜訪畫家李苦禪先生，苦禪老附耳細語念出四句話：「禮儀廉恥，國之四維，四維不張，國將滅亡。」願引為本文結語，與諸君共勉之。

辛卯重陽於京北平雲樓

【注釋】

① 參見2011年9月15日以來各大媒體及主要網站新聞報導、個人部落格及微博。
② 1946年9月29日《華北日報》。
③ 徐伯陽編《蔣碧微紀念冊》，天津人民美術出版社，2005年6月第1版。沈寧編《冰廬錦箋：常任俠珍藏友朋書信選》，國家圖書館出版社，2009年4月第1版。
④ 常任俠《冰廬瑣憶》手稿。
⑤ 參見徐伯陽《母親最後的歲月》，收入蔣碧微著《我與悲鴻》，灕江出版社2008年版。
⑥ 見《蔣碧微回憶錄·我與徐悲鴻》前插頁徐伯陽《授權委託書》。江蘇文藝出版社，1995年。

悲鴻《牧馬》今何在？

——賽金花轉贈王青芳之徐悲鴻助畫《牧馬圖》源流小考

【BTV北京 《新聞晚高峰》】北京榮寶拍賣公司榮寶2010秋季藝術品拍賣會於11月13日在北京亞洲大酒店舉行現場拍賣。拍賣中有近當代書畫作品將近600件，古董文玩類將近800件。其中，徐悲鴻，編號587的《奔馬圖》，底價500萬元，經過多次激烈的競價，最終以1680萬元成交，成為當天書畫專場成交價最高的作品。

聽到這則消息後，聯想到不久前閱讀到謝其章先生《搜書後記》（嶽麓書社，2009年）中的一幅插圖：畫中繪一站立之駿馬，伏首覓嚼青草，構圖豐滿，逸筆寥寥，墨色酣暢，富有生機。題識轉見這幅印刷在P.126上方的圖片說明文字，曰：「此圖頗可考試〔釋〕一番。上有文字『阿彌陀佛　今蒙徐悲鴻先生助畫四幅　茲轉贈　青芳先生一幅以存助余百幅畫之紀念　民國二十四年四月　賽金花時年六十一歲』。青芳先生即木刻名家王青芳。」此幅圖片沒有註明出自何種書刊，留下些許索隱懸念，在書影刊封為主體的插圖中尤顯搶眼。查閱謝先生搜書日記中不

見記載，另外數冊專著的目錄中也未能得見經「考試一番」的篇名提要，著實令人期盼。前些時在網上閒逛，也曾見到網友發帖求索此事，結果不得而知。一代名伶、繪畫大師外加木刻名家，這樣的人物關係和作品的流傳有序，以致各自的歸宿，是值得後人加以深究的。筆者根據手邊查閱到的相關資料，試圖對此事作一考略，權作謝先生「考試」文章之補白，並就教於廣大讀者。

賽金花、徐悲鴻的本事自不必多言，有著太多的研究專著和文章介紹過。當然，專門對徐悲鴻與賽金花交往進行研究的文章不曾讀過，想來在那些所謂的研究者的眼中，這樣的問題是不屑一顧，也是沒有什麼價值的。這裏，只提王青芳這位久被人們淡忘，而在上個世紀三、四十年代的古都北京（平）美術界風雲一時的人物，其貢獻最大之處，就是這一時期木刻活動的積極組織者和創作者，是位撰寫

2.1　《天津商報畫刊》1936.10.15（20：32）發表徐悲鴻作、賽金花題字轉贈王青芳之《牧馬圖》

民國時期北京美術史之木刻篇章不可或缺的重要人物。北京畫院編《20世紀北京繪畫史》（人民美術出版社2007年9月第1版）第四章第四節《木刻與漫畫的演化》曾有專門介紹，提及1932年間協助杭州藝專「一八藝社」被校方開除學生進入北平大學藝術學院，成立進步美術社團，三度舉辦版畫展覽，「為北平版畫是重要篇章，王青芳功不可沒。」這也只是前半段的事情，當北平淪陷時期，力擎復興傳統版畫藝術、傳承魯迅宣導新興木刻大旗，在報刊上持續發表木刻作品數量最多，組織社團舉辦展覽影響甚廣乃至引發木刻創作理論論爭的，正是「萬板樓主」王青芳也！

言歸正傳，談談這幅畫兩次轉贈的前因後果。

1934年間，功在北平名成庚變之賽金花，潦倒窮途，貧病交迫情景被媒體曝光，遂引來各界關注，根據歷史改編劇本上演者有之，明星致函欲將經歷搬上銀幕者有之，採訪當事者根據記錄口述編撰本事者有之，援手資助錢財者有之，⋯⋯不外乎借著昔日名妓尚且以身救國、當今政府面對東北淪陷採取妥協之態度，感歎「回憶庚變時，百官星散，龍馭蒙塵，賽氏一言全城，為民生請命，俠義行為，功勳炳著」①之不再得而排遣極度不滿情緒。已在平市享有「藝術交際花」美譽之王青芳，面對賽氏晚境困窘，極為同情，毅然創作百幅國畫作品贈送賽金花，作為賽氏持贈各援助者藉作紀念之用。其中山水、花鳥、翎毛、人物等各不相同，每幅畫上，除署名蓋章外，並書「為賽金花作畫之一」字樣。同時，並由刻印名家吳迪生，為刻「賽金花持贈」圖章一方，印於畫上。前引轉贈徐悲鴻畫馬之賽氏題字下方落款處之印章（印刷件無法辨識），應當就是此印文。

2.2 賽金花小照（選自葉祖孚主編
《京華煙雲錄》〔香港〕繁榮出
版社有限公司，1990年11月）

　　1935年2月上旬，徐悲鴻趁寒假由南京赴北平，為前教育總
長傅增湘畫像，下榻毛家灣蔣夢麟寓所。王青芳作為華北文藝界
知名人士之一，與楊仲子、齊白石、周作人、陳綿、熊佛西等出
面接待，並主持在藝文中學舉辦歡迎徐悲鴻茶話會，請徐氏報告
各國藝術狀況及展覽北平友人所藏其作品，其中尤以楊仲子藏品
為多。白石翁專程趕來參觀展覽，並在簽名簿上欣然留言：「余
畫友之最可欽佩者惟我悲鴻，君所見作物甚多，今日所展尤勝當
年，故外人不惜數金購求一幅老柏樹合矣。白石山翁扶病，乙亥
第六日。」是日，有近百人出席茶話會，前來與徐悲鴻作鄉談者
就有賽金花。需要說明的是，徐宜興，賽蘇州，王蕭縣（自署
「芒碭山人」）都是江蘇人，蕭縣隸屬徐州府，後劃歸安徽省，

最近徐州藝術館落成，專門闢有該市近現代著名畫家文獻館，王青芳即為六人之一。留平期間，徐悲鴻應友人之請揮毫潑墨，多以畫馬貽贈，其中包括為北大校長蔣夢麟夫婦、中法大學教授陳綿、北辰畫刊社林仲易所作《奔馬》，贈送賽金花的四幅作品也在此時。同年4月間，王青芳將為賽氏創作的百幅作品完成，並同徐悲鴻的四幅作品多次進行陳列展出，以期得到各界人士對賽金花境遇的重視。賽氏感於王青芳的義舉，特選一幅徐悲鴻《牧馬圖》親筆題識持贈，為世間留下意義非凡的珍貴墨寶，可惜的是，這幅《牧馬圖》沒落上款，「悲鴻」的署名下，鈐有「東海王孫」閒章一方，值得玩味。

2.3　1935年2月徐悲鴻與華北文藝家合影。左起：周作人、陳綿、吳迪生、齊白石、徐悲鴻、劉運籌、王青芳、楊仲子。

1935年6月間，青年藝術家魏白也、陸黎光、崔輯五等三人假太廟舉行聯合展覽，另有徐悲鴻及王青芳所作之畫馬各一幅參展助興，其中徐氏之《馬》即贈賽金花四幅中之一，又由賽轉贈與王青芳者，而王青芳所作之《馬》，係因得該畫後所作，作風極似徐悲鴻，並有打油詩三首，說明作畫緣起，文曰：「畫罷葫蘆畫傻瓜，塗塗抹抹即生涯，巾幗英雄堪千古，畫圖百幅算什麼。同是天涯淪落人，百折猶在劫後身，花發水流春易老，低徊往事總傷神。徐師素以畫馬名，賽氏贈我可自雄，撲朔迷離撩亂眼，青芳無奈太無能。二十四年四月，賽氏以悲鴻師贈伊之馬，而轉贈與余，自此亦能畫馬矣，茲將所塗，謅打油詩三首於上，以志鴻爪。」聲稱「自此亦能畫馬矣」實為謙辭，早在數年前王氏的畫馬作品即見之於報刊中了。近見網上出示王青芳畫贈王森然之《春風立馬》，上有齊白石題識：「青芳之學悲鴻，能得其神。可思下筆時，悲鴻之魂必來腕下也。森然先生屬題。乙亥夏，齊璜。」[2]臨摹而能達到神似，已非一般初學者所能。翌年10月，在南京舉行的中國美術會第五屆秋季展覽會上，內有王青芳題識「與世無爭樂趣多，浮沉任意逐清波，莫忘因結爭食鬥，旁有漁人張網羅」之《魚》，及「茫茫塵海只低頭」之《馬》等，《天津商報每日畫刊》第20卷32期刊登〔賈〕仙洲〈中國美術展覽會中王青芳君之出品〉一文加以介紹，除配發刊登王氏二幅外，同時將賽金花轉贈之徐氏畫馬一併發表，[4]大有對比品評之意，一時王氏摹畫徐馬難分仲伯之聲隨之而起，聞風索畫或追隨學畫之徒相踵而來。實則，王青芳崇尚悲鴻畫風，所畫之馬雖幾可亂真，然風骨棱然，不作贗鼎，他在晚年寫給侄子王同的信

中有言：「近只練習畫魚，社會人仕，多愛之，況於全國美展展出刊出，出國展覽，亦多選此，因〔畫〕馬總出不了徐悲鴻先生巢臼。」③嘗題詩以資辨別，並志對徐氏之景仰：「畫工神駿說徐師，妙手通靈顧愷之！知否燕京有弟子？捧心醜婦效西施。」至於王青芳所作魚圖，曾多次參加全國性美展會，享有盛譽。徐悲鴻曾著文稱讚「王青芳先生之游鱗可與〔汪〕亞塵抗席。」「王青芳這度多產，淹沒其長，其游魚實有獨到之處，故陳其多幅，亦披沙瀝金之意。」⑤有關徐王二人交往經過，非本文主旨，容另文詳加介紹之。

　　1936年12月5日賽金花去世第二天，正是侯子步、李勵公（苦禪）、王青芳假中山公園春明館舉行聯合展覽之時，售出之件，將提出數成，賑濟災民。據報導稱：「其中王氏之作，售出之款，將掃數捐助賽金花，並將前賽氏轉贈王君之徐悲鴻所繪之《馬》幅，一併陳列出售。」當獲悉美人長眠香塚旁，只願用來捐作賻金助喪了。大概是出價太高的緣故，抑或藏者本難於釋手吧，賽金花開吊時送往魏趙飛燕治喪籌備處的賻金十五元，是為師大李君訂購之王青芳所作《牛》一幅潤筆費。此後，這幅《牧馬圖》參與了多次賑濟義賣，最後見到的消息來自1944年2月29日北京《實報・藝術圈》的一則報導：「萬板樓主王青芳，所珍藏之徐悲鴻贈其畫馬，賽金花親手題字，殊屬珍品，曾兩次捐贈本報充作義賣賑災，均未獲售出，近由黃人□介紹出售，得價數百元，王氏特提出六十元，交本報賑濟寒士，先指定捐助□思孝三十元，厲南溪三十元，將來售畫所得，再及其他云。」⑥收藏者為誰？今尚存世否？不得而知也。據王同先生回憶：1956年10

月30日他隨江蘇省教育廳教育參觀團到河北、河南兩省參觀考察老區教育，路過北京時曾到北池子大街78號看望七叔，「當時他臥在病床上眼還看著天花板上掛的一個金魚缸，裏面有兩條游魚，他晚年愛畫魚，牆上掛著齊白石畫的蝦和徐悲鴻畫的馬，賽金花題字的兩幅畫。」⑦不知是否記憶有誤？但也著實令人心生憧憬和期盼，倘若蒼天有眼，珍品重現，將這一段藝壇掌故凝聚於實物之中，呈現於紙張之上，該是何等幸事！

存詩話漫刻木　　作芳青王

休矣此姬老頻用，富貴貧賤一身兼。（青芳漫話）

母櫂同舟報慈恩，雅讀陶然亭上存，鸞鶯巢同番子巷，千秋同與伴芳魂！（同仙洲詩）

幾經濟招幾施恩，巾幗英雄手澤存，絕代佳人留豔蹟，陶然亭畔掩孤魂。（錄連伸詩）

2.4　王青芳作「木刻漫話詩存」之「富貴貧賤一身兼之賽金花」

隨著近年來藝術品收藏熱的興起，作為美術家的王青芳也漸漸得到人們的注意，他的詩書畫印兼備的藝術天賦，帶有「齊派」特徵的書法篆刻作品風格，模仿徐氏畫馬幾可亂真的高超技能和「芒碭山人」獨具風采的寫意山水花鳥創作，特別是「萬板樓主」出品的別具一格的木刻版畫以及他在特殊歷史環境中為推進中國新興木刻運動所做出的積極貢獻，無疑成為研究中國現代美術史（北京〔平〕美術史）不可忽略的重要人物，他的劫後遺存的書畫作品，傳奇般的坎坷藝術生命歷程，同樣也愈來愈受到世人的關注。

　　最後順便說一句，經筆者考證：王青芳的生辰應為西元1901年5月4日，即清光緒二十七年（農曆辛丑）三月十六日），並非相關工具書和拍賣網頁中作者簡歷所示1900、1902、1905年等說法。卒於1956年11月16日，葬北京福田公墓。[8]

2010年冬作於京城殘墨齋

【注釋】

① 仙洲〈噫！賽金花死矣！〉，1936年12月7日《天津商報每日畫刊》第21卷第35期。

② 見「卓克藝術網」，乙亥即1935年。

③ 參見王同先生提供原函影本，該信作於1955年6月18日。

④ 該圖另收入王青芳、賈仙洲選輯《題畫詩選》，1936年12月自費印刷出版。該書由于右任、齊白石、周作人題簽，孫墨佛、賈仙洲、王青芳、王森然、馬步周、任連仲、姜時彥、錢運生、楊鳳祥、徐瘦梅、馮亦吾作序。選歷代題畫七言詩六千餘首入編，按類排列，唯所抄原稿，均未標明作者姓名及引文出處，對進一步檢索、利用甚為不便。書後附高奇峰、徐青藤、徐燕孫、陳師曾、齊白石、厲南溪、孫墨佛、王青芳、隋文靜、賈仙洲、任連仲、錢運生、楊鳳祥題畫詩及王、賈、任題木刻詩、王青芳打油詩及友人和詩等。

⑤ 徐悲鴻《國立北平藝專美展評議》，1947年4月10日《華北日報》；《介紹幾位作家的作品》，1948年5月7日天津《益世報》。

⑥ 原報印刷文字模糊不清，不能辨識處用□表示。

⑦ 王同《憶著名國畫家、版畫家、篆刻家和美術教育家王青芳先生》，刊《美術研究》2007年第1期。

⑧ 參見拙文〈美術家王青芳生辰之謎〉，刊《中華兒女‧書畫名家》2009年11月號。

王青芳先生不會被忘記

——記王青芳與徐悲鴻二三事

舊情難忘憶當年

中央美術學院教授、原民間美術系主任楊先讓先生撰寫的〈王青芳先生不應被遺忘〉一文，發表於《美術研究》2011年1期。文章談及王青芳與中央美術學院的關係及藝術成就，對在中國美術館舉辦中央美術學院中國畫學院教師作品選大展中未見王氏作品與名字，大為不解，經與相關部門和人員查詢，以本院未有王氏存檔，故而不屬於本院之人。楊教授不僅以該院印製的《校友名錄》中刊佈王氏大名，並以1948年入校時，就親睹「一頭亂髮，身著舊長布衫、跋拉一雙布鞋、掖著一卷宣紙，由校門到中國畫二樓教室，出入匆匆」的王青芳授課的實例為據，說明這樣的解說站不住腳。其實這樣的回憶文字還有一些：

葉淺予是建院時的繪畫系主任，他在回憶錄《細敘滄桑記流年》中這樣寫道：

> 這年繪畫系擴大招生，培養普及美術幹部，主要課程是：素描、勾勒、水彩、油畫四門基本練習課，年畫、

連環畫、宣傳畫三門創作課。我負責勾勒教研組，所有國畫教師都集中在教研組進修，進修內容是對模特兒寫生，畫白描。經常在這個組寫生的有李苦禪、王青芳、黃均、陸鴻年、劉力上、田世光和我。蔣兆和那時專任一個班的素描，宗其香專任幾個班的水彩。勾勒課的任務明確規定為年畫、連環畫的線描打基礎。為什麼不設國畫而設油畫？因為當時認為山水花鳥不能為工農兵服務，只有人物的勾勒有保留價值，而畫革命領袖像必須用油彩。

齊白石關門弟子許麟廬做客央視《大家》欄目時，就曾回憶在1950年代初期，中國畫不受重視，致使在中央美院任教的李苦禪、王青芳無所事事，幹著為工會外出買電影票的事情。

版畫家黃永玉回憶1953年時，當他帶著七個月大的黑蠻，從香港回到北京後不久，學校將他的住所安置在東城大雅寶胡同甲二號宿舍院內，與李苦禪為鄰。胡同不遠有家小酒鋪，「苦禪先生下班回來，總要站在那兒喝上兩杯白酒。他那麼善良樸素的人，一個重要的寫意畫家，卻被安排在陶瓷科跟王青芳先生一起畫陶瓷花瓶。為什麼？為什麼？至今我還說不出原由。」在校內，當時不太起眼的彩墨科和版畫科常常合組進行政治學習，「天氣熱，外面有一塊白楊樹的綠陰，學習會便在室外舉行。這一個學習組有李可染、李苦禪、王青芳、蔣兆和、葉淺予、黃均、劉力上和陸鴻年，還有李樺、王琦、陳曉南和我。」（〈大雅寶胡同甲二號〉）

山東藝術學院、山東師範大學張鶴雲教授曾受教於王青芳、蔣兆和，他在回憶文章中也清楚地記述：「1953年至1955年，我來北京師大和中央美院進修。這時，王先生與李苦禪先生在美院有個畫室，坐落在U字樓北面的平房，課後我順便常來看他們作畫。」（〈憶吾師王青芳先生〉）

　　在王青芳病逝半年後，1957年文化部和中國美術家協會為了進行整風、改進工作，邀請北京的中國畫畫家，於5月18日及6月4日先後在美協舉行座談會兩次，國畫家們暢所欲言，向文化部、美協、美術編輯部和中央美術學院等單位，提出尖銳的批評和積極的建議。會上李苦禪訴說他在中央美術學院的遭遇，老畫家高希舜和曾在或當時在美術學院教書的幾位畫家，如田世光、劉凌滄、黃均等，也都談到美術學院怎樣對待國畫、對待國畫家的情況和其中存在的問題。第二次座談對中央美術學院領導的意見時，張其翼認為國畫家陳少梅、王青芳之死，是「摧殘死了」的。高閬仙也認為：中央美術學院和黨的支持國畫政策背道而馳，「從新國畫研究會成立江豐的講話，到王遜的文章，到陳少梅、王青芳之死，到李苦禪的遭遇，是一系列的事實。……有人對李苦禪每月拿八元工資等提出辯護，說那是1949年到1950年的事，試問王青芳之死是否也是1949年到1950年的事？」金協中並建議為王青芳舉行義賣展覽。（〈北京中國畫畫家的意見〉，參見《美術》1957年6期）這些言論，顯然被劃入不久之後展開的反右運動中的反黨言論，在「文革」期間也將逃脫不了遭到批判的厄運。

3.1 美術家王青芳（1935年）

本文無意於探討那幾場運動對中國當代美術進程的影響，只是從這些歷史的文獻、記憶的碎片中尋找王青芳作為中央美術學院一員的證據。以一宗檔案作為是否屬於該單位人員，進而作為入選人物及作品的取捨標準，顯得過於教條，難以令人認同。人事檔案的缺失，有種種因素：或確屬無存（據說王氏檔案關係在原北京二十八中學，即私立藝文中學）；或管理混亂，發生遺失；或清理不當，如運動過後的相關資料處理規定不一，導致相應的資料散失；等等，不一而論。數年前筆者就從「孔夫子舊書網」拍賣欄目內見過一批十餘件由徐悲鴻起草的致國民政府教育部等電文底稿，內容涉及為辦學延聘人員、向教育部申請辦學、赴印度舉辦畫展、師生生活補貼經費，陳樹人去世唁電等，該是何等的重要！這些珍貴資料理應妥善保存在學院檔案中的，作為學院歷史研究和徐悲鴻個案研究的重要參考，不意遺散民間，所幸尚未泯滅，助益廣大。

畫工神駿說徐師

王青芳與徐悲鴻何時相識結交有待進一步考察，不過從王青芳在〈記徐師悲鴻〉（1936年1月10日《華北日報·藝術週刊》

第十八期）這篇文章中的敘述，說明他對徐悲鴻的敬仰之情由來已久：

> 我廁身藝術界中，濫竽充數，二十年辛苦，一技莫長，惟對於名師先進，每多景仰，而於徐師悲鴻，更所心折。本來悲鴻先生的作品，名馳中外，對於藝術之闡明，尤為藝界人士所傾服，用不著我再多說話。可是有時我想到，造物者好像專好與有志向的人開玩笑，你越是志大才大，它越是挫折你，戲弄你，打法些窮神餓鬼揶揄你，前途黑暗，遍地荊棘；假使你不能咬定牙根，具百折不回的毅力，衝破種種難關，必致神消氣沮，頹然中止！反之，再接再厲，勇往直前，一息尚存，堅持到底，此志不懈，終能登峰造極，抵於光明之路！孟子不是說過：「故天將降大任於是人也，必先苦其心志，勞其筋骨，餓其體膚，空乏其身，行拂亂其所為，所以動心忍性，增益其所不能！」這話真成為天經地義了。

佔用一個版面來介紹徐悲鴻生平、創作及藝術理論，這在故都北平還是罕見的。此時距年前春天由王青芳在藝文中學主持接待徐悲鴻來平，已經過去多時，但通過文章的誦讀，其中的熱情依舊。據目前查見到兩人名字最早交匯出現，是在1935年10月10日南京舉辦的中國美術會第三屆（秋季）展覽會出品名單中，王青芳有篆刻印存和國畫《竹林人家》參展，徐悲鴻的國畫作品《淒涼》、《悵然》和《瞭望弗及》三幅參展。該會由王祺、高

3.2　王青芳《記徐師悲鴻》，發表於1936.1.10《華北日報‧藝術週刊》第十八期

希舜、李毅士、張道藩、潘玉良等五十三人共同發起組織，宗旨為：「以聯絡美術界感情，團結美術界力量，為謀學術上之磋礪，及美術上之進展」。1933年11月12日在南京成立，張道藩任理事長，王祺任總幹事，徐悲鴻等人任理事。早期會員多集中在上海、南京等地，北平會員僅有王悅之、王青芳和程枕霞數人。至1947年會員總數已達三百四十八人。抗日戰爭爆發後，該會遷至重慶，1940年更名「中華全國美術會」。戰前曾創辦《中國美術會季刊》四期，刊登美術理論研究文章和會員的美術作品，王青芳、徐悲鴻的作品都曾見刊。

王青芳從早期所作「非驢非馬」到一度熱衷於畫馬，顯然是受到徐悲鴻以馬為創作題材的影響。曾見白石翁在王青芳畫贈王森然的一幅水墨紙本《春風立馬》上題識曰：「青芳之學悲鴻能得其神，可思下筆時悲鴻之魂必來腕下也。森然先生屬題，乙亥夏齊璜。」

足見對王青芳畫藝的首肯。乙亥為1935年。這年早春時節，王青芳與徐悲鴻在北平的相見，並得到賽金花轉贈徐悲鴻畫馬之作，激發了他追隨徐氏畫風，熱心臨摹畫馬的熱情，一度創作出不少以馬為題材的作品，並多次參加畫展。6月間，在青年會舉辦的王青芳為賽金花作畫百幅展覽中，就將徐悲鴻為賽氏所作國畫四幅，

3.3 1935年齊白石在王青芳為王森然所作水墨紙本《春風立馬》上題識：「青芳之學悲鴻，能得其神。可思下筆時，悲鴻之魂必來腕下也。森然先生屬題。乙亥夏，齊璜。」（圖片來源：卓克藝術網）

一併陳列，以供眾覽。百幅畫作中計有花卉、山水、人物等，每幅畫上，並鈐有吳迪生專門為賽氏所刻圖章一方，文曰：「賽金花持贈」，備由賽氏轉贈各援助者，藉作紀念。

隨後，徐悲鴻及王青芳作品《奔馬》各一幅又加入藝術家魏白也、陸光、崔輯武等三人在太廟舉行的聯合畫展，以助聲勢。時評稱：王青芳畫馬，仿悲鴻神似，猶勝其新派仕女之作。所作之《馬》，翔翔欲活，神態盡在輕描淡寫，觀者多疑為悲鴻手筆。畫中並題打油詩三首，說明作畫緣起，文曰：

> 畫罷葫蘆畫傻瓜，塗塗抹抹即生涯，
> 巾幗英雄堪千古，畫圖百幅算什麼。

> 同是天涯淪落人，百折猶在劫後身，
> 花發水流春易老，低徊往事總傷神。

> 徐師素以畫馬名，賽氏贈我可自雄，
> 撲朔迷離撩亂眼，青芳無奈太無能。

> 二十四年四月，賽氏以悲鴻師贈伊之馬，而轉贈與余，自此亦能畫馬矣，茲將所塗，謅打油詩三首於上，以志鴻爪。
> （1935年5月31日、6月5日《華北日報》）

王氏以香山自居，以潯陽琵琶女比擬彩雲（賽金花小名），藝人逸性，於此可見。友人賈仙洲曾評王氏畫馬：王君畫馬宗徐

悲鴻君而神似，然風骨棱然，不作贋鼎，常題詩以資辨別，並志對徐君之景仰。

> 畫工神駿說徐師，妙手通靈顧愷之，
> 知否燕京有弟子，捧心醜婦效西施？
> 干戈未定欲何之，飲酒學書復詠詩，
> 尚有閒情遣不去，按圖索驥仿徐師。

（《題畫詩選》）

王青芳不僅自己熱衷畫馬，還曾教授許多熱愛此道的弟子們。舉個例子說，1940年8月中旬，在中央公園春明館舉辦張心泉畫馬展，共計作品七十餘幅。有評論者介紹：張先生的學畫馬，是從王青芳先生的一派的。王先生近年來專事木刻，他的馬現在已經不很多見。因此又使我們想起徐悲鴻和馬晉兩先生來，這些個畫馬的藝術家，同給藝壇上留下耀人的光芒。（1940年9月22日《晨報‧藝術週刊》第五十四期宛宛〈看畫馬展後〉）

游鱗抗席「金魚王」

故都淪陷，萬馬齊喑；忍辱抗爭，勝利告捷。王徐再相聚首，已是1946年夏，徐悲鴻受教育部令北上接收北平大學臨時第八班、重建國立北平藝專時。徐校長「決意將該校辦成一所左的學校」（致吳作人函），首先對敵偽時期被開除的進步學生一律

恢復其學籍，將學生修業年限改為五年制；將原有教員中，凡落水失節或無真才實學者一律停聘。同時，經慎密遴選，重新聘請教員，如國畫組教師聘用：專任教授：李苦禪。教授：壽石工。兼任教授：秦仲文。講師：陳緣督、王世襄。兼任講師：李志超。導師：王青芳、陸鴻年、齊良遲。說明徐悲鴻對王青芳的人品和教學、藝術水準是認可的。

王青芳對徐悲鴻來長國立北平藝術專科學校深感欣幸，他在〈所望於徐悲鴻先生者〉一文中這樣表達自己的心情：「他的學識、藝術、聲望、閱歷，早已名聞海外，眾望所歸，這一顆燦爛的巨星，再來領導北方的藝界，相信必能遊刃有餘，對藝術前途有光明的新發展。」同時對暫時取消陶瓷系表示異議，認為「陶瓷是人生必需品，是我國著名近且可與歐西頡頏的藝術，好像正宜能努力提倡，不能因為人事設備之不健全，而即付停辦，正像一顆孱弱的小苗，求其發育，只有物色人工，研求肥料，去培植它，不能因為他的不健全，而芟鋤了它去。南北兩藝專為我國藝界最高學府，全國期待觀瞻之所繫，負著美化中國整個人生的重任，科目宜求廣泛，使之能有其他普通藝校之所無，固有者固宜保存，缺如者更宜添置，至經敵偽時代取消之音樂，戲劇，建築三系，亦似有再復員之必要。」同時希望徐氏「本其對藝術創作的精神，來對待這北平藝界的守舊的思想，更宜清理一般門戶派別南北之小異，而儘量使之精神煉鑄為一致，庶藝界之思想之力量亦可集中，而一致協力於建國偉業。」（8月13日《經世日報‧經世副刊》16期）在《藝界應有的覺悟》文中，就北平藝界呈現出的仿古泥古的潮流，借助對徐悲鴻藝術的評價，給予

發揮：「當我們看到徐先生的偉作，如《會師圖》、《愚公移山》、《伯樂相馬》等精心傑作，使每個參觀的人都受著劇烈的感動，情緒為之緊張，熱血為之沸騰，堅定了人生必須奮鬥方能成功的信念，人是有情感的，得到廣大人眾的同情，方算是成功的作品。只供有閒階級的欣賞，或在仿擬著某朝某代某派某宗，那是狹義的，是與新時代背道而馳的，世界的進化，無時不似風馳電逝，遲早總是落伍的，而歸於天演淘汰的。」雖然在兩年後發生的那場國畫論爭時，尚沒有查見到王青芳的言論，或許是因為他所處的較為尷尬的位置，不便過多發表公開看法，但他的態度已經在此顯現了。

1947年3月25日美術節。北平藝術界在中山公園來今雨軒召開慶祝大會，何思源市長及社會局溫局長以茶招待，到有李苦禪、王青芳等百餘人。徐悲鴻任大會主席，並致辭重申他的現實主義主張。同日，北平藝專師生畫展在稷園中山堂舉辦，展出師生作品西畫、國畫、木刻、圖案、雕塑、瓷器等二百八十餘件。王青芳中國畫《各得其所》（游魚）、《古貌依然》、《喜得避秦》、《雪白山河露血痕》、《日落無一飽》、《奔波江湖》、《舞腰畫眉為誰忙》、《八德滿胸》、《孤高何為》、《留得風水》等十幅參展。徐悲鴻在觀看了展覽後撰文《國立北平藝專美展評議》，稱讚「王青芳先生之游鱗可與亞塵抗席。」亞塵者，素有「金魚王」美譽之上海畫家汪亞塵也。「汪亞塵擅長寫魚，寫金魚尤其無古人，其游泳動盪俯仰宛轉之態，曲盡變化之妙，而其前後佈置之疏密得宜，五色紛紜間合之巧，益以顯明隱約之水藻，全體親切曼妙之和，使人對之忘盡。」徐悲鴻如是說。而

能不分伯仲，與其抗席，則王青芳畫魚水準之高，已是公論。實則，王氏所繪之魚，早在1930年代中期已得盛譽，作品頻頻參加全國與專題性重要展覽，刊登在報刊圖集之中：

1936年10月間，南京中國美術會第五屆展覽會上，王青芳的游魚之作已經入展，時評：「畫魚青芳本不習作，乘興偶一為之，亦自奇妙，活潑潑地，觀之如聽莊子惠子濠梁對話，而能悟及天機也。題詩為：與世無爭樂趣多，浮沉任意逐清波，莫忘團結爭食鬥，旁有漁人張網羅！憂國之心，溢於言表。」此幅作品還參加了1937年第二屆全國美術展覽會。

1948年6月15日22日，北平藝專、北平美術作家協會和中國美術學院等三團體聯合美展在中山公園中山堂舉行。和這三個團體在藝術見解上相對立的中國畫學研究會，亦於是日起，在中山公園董事會舉行第二十六次展覽，周肇祥主持，張大千、于非厂、汪慎生、徐石雪等四百餘件精品參加展出。展前，徐悲鴻在〈介紹幾位作家的作品〉一文，再次評價「王青芳這度多產，淹沒其長，其游魚實有獨到之處，故陳其多幅，亦披沙瀝金之意。」這樣的鼓勵，或許成為王青芳晚年轉變繪畫題材為以畫魚為主的直接動因。他在寫給侄子王同的信中就提及：「近只練習畫魚，社會人仕，多愛之，況於全國美展展出刊出，出國展覽，亦多選此。因馬總出不了徐悲鴻先生巢臼。」

1948年9月2日，徐悲鴻聯合平市藝術家籌辦的觀光社畫廊正式開幕，地址設在煤渣胡同觀光社後院。它的創立宗旨：搜集中國當代名畫，公開陳列，以備中外觀光人士欣賞選購。所謂「畫廊」，其實就是三間敞廳，門上懸著一塊小小的橫匾：觀光社畫

廊，徐悲鴻的手筆。廳裏掛著大小五六十幅國畫，按作者來分：有齊白石、張大千、徐悲鴻、王青芳、李可染、宗其香、李樺、吳幻蓀等二十餘人；按作品來說：有寫意，工筆、素描、設色、山水、人物、花鳥之分。徐悲鴻的作品有《立馬》、《雞》、《鵝》等數幅，王青芳的作品有《魚》等。

　　1953年9月16日—10月11日，中華全國美術工作者協會主辦的全國國畫展覽會開幕，展出全國200餘位中國畫家的作品254件。王青芳《鯰》入選展覽。

　　1956年《新觀察》17期刊登王青芳《金魚》，該作被中國美術館收藏。

芒碭山人豈能忘

1953年徐悲鴻病逝；三年之後，王青芳病逝北京。身後蕭條，墓木已拱，近年方得重加修葺。有關他的生平介紹和從事美術活動情況，也逐漸引起研究者的注意，陸續見諸報刊和專著之中。北京畫院編《20世紀北京繪畫史》一書，已於2007年12月由人民美術出版社出版。該書煌煌50萬言，共分十章，全面系統地梳理了從20世紀初期新文化運動時期至20世紀90年代的各個歷史時期北京地區美術發展的歷史景象，第一次使豐富複雜的北京繪畫發展的歷程完整地呈現在我們面前。其中闢有專節對王青芳的美術活動及藝術成就給予客觀評價。在王青芳先生110年誕辰前夕，王同、沈寧、任之恭主編《王青芳》紀念集，由雲南人民出版社2010年10月出版。由於種種原因，使得該書的編校存在不足，但首次將王青芳生平資料、藝術活動及創作、研究紀念文章融於一集，為日後深入研究奠定了基礎。徐州藝術館落成後，出於對張伯英、王子雲、王青芳、劉開渠、李可染、王肇民、朱丹、朱德群等八位徐州籍藝術前輩深切緬懷與真誠景仰而舉辦的文獻展中，王青芳的生平事蹟及作品也得到相應展示。近年來，隨著藝術品收藏的升溫，王青芳的作品也頻頻亮相拍賣會中，成交價格呈現逐漸高升趨勢。

王青芳一生創作極為勤奮，主張藝術創作要摒棄成法和流俗，超越尋常，卓然獨立，形成鮮明的個性。他的創作涉及書畫、篆刻、木刻等類，國畫創作以寫意山水花鳥為特色，中後期

以畫游魚為專攻，藝術水準最高；篆刻則有白石翁神韻而自具匠心；木刻題材廣泛，今人與古人交映，現實與摹古並存，數量逾千，自成系列，形成二十世紀三、四十年代版畫創作的一道獨特景觀，由此引發的關於淪陷區「木刻論爭」，值得作為專題深入去研究。由於他的早逝，使得數十年辛勤創作書畫篆刻、木刻原板、詩書文稿及收集珍藏名家作品等，除流傳、發表者外，多在1966年「文化大革命」時期遭到劫毀。原作存世量不多，對從事研究者來說必將對畫家藝術創作產生一定的隔閡，加上不同時代、不同鑒賞者的審美趣味和藝術鑒賞力各異，往往出現對同一幅作品產生出見仁見智的不同標準，影響對其藝術創作水準的總體評價。

楊先讓教授的文章中提到：「2007年美國休士頓美術館東方部主任奎斯汀女士請我看一本西方人收藏19-20世紀間中國畫家作品畫冊《NEW SONGS ON ANCIENT TUNES》，她希望我說明選其中一部分作品在該館展出，內載王青芳兩頁四條六尺寫意花鳥立幅，我感到十分新鮮。因為過去我很少見到他的畫。四幅條屏為春夏秋冬四季花鳥，春季：牡丹石頭飛燕；夏季：茶花流水八哥；秋季：菊花松樹麻雀；冬季：梅花雙鳥。每幅有題詩句，年份為丙寅夏。……章法筆墨老練，不同一般。這在當時北平中國花鳥畫界也屬少見，更不知今天中國畫學院教師中能有幾人超越。」

這樣的收藏還在其他幾種海外出版的畫集中呈現，如：

美國加州的太平洋文化亞洲博物館於1974年10月29日至1975年1月31日主辦之《中國近百年繪畫展》，就曾出版過圖集，張

大千題簽，收錄齊白石、張大千、徐悲鴻、李苦禪、吳湖帆、任伯年、趙之謙、吳昌碩、李可染、黃賓虹、林建同、葉醉白、高逸鴻、王青芳、黃君璧、趙少昂等共34幅作品。此畫冊有中英文的作者簡介，每幅作品都有標題、尺寸以及當時的收藏者姓名，對這些作品的流傳提供了可靠的記錄。

JOSEF HEJZLAR編著《CHINESE WATERCOLOURS》（《中國彩墨名家畫集》）由英國的Octopus Books Limited公司1978年印製出版；隨後該冊又以《Chinesische Aquarelle der Shanghaier Malerschule》為名，於1986年出版德文版。該書收錄中國近現代名家任伯年、吳昌碩、齊白石、黃賓虹、陳半丁、陳師曾、徐悲鴻、關良、林風眠、王青芳、李可染、李苦禪、陳大羽、吳作人等作品。前為英、德文字說明（80頁，數十幅插圖），介紹畫家及每幅畫作的尺寸、名稱、創作年代，後為上述名家的115幅彩色作品。

此外，中國現代美術全集編輯委員會編、劉曦林主編《中國現代美術全集・中國畫・花鳥》卷中也收入王青芳創作的《金魚》，正合徐悲鴻先生的「亦披沙瀝金之意。」（北京人民美術出版社1997年出版）

如此看來，王青芳的藝術成就並非被封塵埋沒，而是與同時代著名藝術家們一道載入了藝術史冊。對他的深入研究和重新評價，需要借助不斷發掘的史料、作品的重新浮出，以及研究者們撰寫發表專題論文來實現。筆者常常想到：中國現代美術教育史中同時擔任小學、中學乃至大學藝術教員的能有幾人？在藝術創作中能集詩書畫印於一體、刻意創新，百折不撓，視藝術為生

命者，又有幾多？熱心從事藝術活動，享有「藝苑交際花」美譽者，誰能擔當？這樣一位命運多舛而奮鬥不休的藝壇奇人，我們如何能忘卻呢?!

2011年12月31日於京城殘墨齋

閒話徐悲鴻

胡適出席了泰戈爾畫展？

「胡適文物圖片展」首次在北京舉辦

1891年12月28日，胡適誕生於上海。這位安徽績溪上川明經胡氏第四十二代孫，小名嗣穈，行名洪騂，字適之。他早年留學美國，1917年發表〈文學改良芻議〉，首舉「文學革命」大旗，成為新文化運動的中心人物之一。

4.1　北京「胡適文物圖片展」外景（沈寧拍攝）

2011年12月8日，在北京沙灘紅樓北京大學舊址由北京新文化運動紀念館、臺北胡適紀念館聯合主辦了為期一個月的「胡適文物圖片展」，展覽分為「早年求學」、「文學革命」、「學界領袖」、「學者大使」、「北大校長」、「晚年身影」、「親情‧友情」等七個部分，其中實物展品131件，圖片97幅。展覽充分吸收學術界最新研究成果，通過手稿、著作等重要實物，以及珍貴歷史圖片，引領觀眾走進這位20世紀中國極具名望和影響的文化名人的精神世界。這不僅是海峽兩岸研究機構首次合作舉辦胡適展覽，許多文物和圖片也是第一次向公眾展出，如：北京新文化運動紀念館館藏一級文物——胡適題贈錢玄同的《嘗試集》、胡適致錢玄同的信、胡適執筆的《請頒行新式標點符號議案》等。美國聖若望大學教授李又寧博士捐贈的1940年胡適致蔣介石信函也同時展出。此外，入藏中國人民大學博物館的「陳獨秀等致胡適信札」本次首度亮相。信札內容涉及1920年《新青年》同人分裂等歷史事件，具有重要的歷史和文物價值。所展圖片中有不少是臺北胡適紀念館提供的，向觀眾再現了離開大陸之後的胡適先生行蹤與生活影像，極為難得。臺北胡適紀念館主任潘光哲表示：在這樣一個胡適曾經奉獻過精神和心力的地方，舉辦紀念他的展覽很有意義。「對兩岸而言胡適更有親切涵義，他的魅力不會因為政治和其他俗世的因素而泯滅。」

1945年9月，胡適被任命為北京大學校長。在「北大校長」部分的展室內，有幅胡適與眾人合影的照片，圖像下側的注釋文字為：

1948年6月，胡適與出席泰戈爾畫展的來賓在子民紀念堂前留影。前排左起：1季羨林、2黎錦熙、3朱光潛、8胡適、9徐悲鴻；二排左起：3饒毓泰、4為鄧懿、7鄭天挺、8馮友蘭、9廖靜文；三排左5鄧廣銘。

這幅照片曾見於北京大學檔案館校史館編著《北京大學圖史1898-2008》書中（北京大學出版社2010年5月第1版），注釋文字大致相同，只是拍攝日期上更加明確為「1948年6月15日」。從合影人物在教育、史學、藝術界，乃至中印文化交流史方面的影響而言，都具有特殊的意義。有網友甚或斷言這也是胡適半年之後倉促飛離北平之前的最後一張合影照片，結論確否，有待考證。但僅就該照的拍攝日期及畫展內容說明而言，經查閱相關資料斷定有誤，是毫無疑問的。

4.2　1948年6月4日出席中印繪畫聯合展來賓在北京大學子民堂合影

泰戈爾、徐悲鴻：中印文化傳播的使者

　　當1924年印度詩翁泰戈爾訪華時，徐悲鴻遠在法國，二人沒有相見。1938年秋，徐悲鴻應泰戈爾的邀請，帶上一批作品自重慶赴香港，並在新加坡、吉隆坡、檳榔嶼等地舉辦畫展，輾轉達一年之久，終於在1939年的冬季抵達印度。這年12月14日，他在印度聖蒂尼克坦之國際大學拜見了舉世尊為聖人之泰戈爾，其親愛慈祥之容，給徐悲鴻留下難以泯滅的印象。

Professor Ju Peon, noted Chinese painter, who recently toured India and was received by the wold famous Indian poet Rabindranath Tagore

印聖邸爾中中起畫教徐譚泰印際按達
詩度自為東教院雲譚度氏氏長大慶度
戈私名徐右圖之方山，印及學欽國家鴻
爾詩招待在度泰起畫教慶氏長大慶度

4.3　譚雲山、徐悲鴻、泰戈爾、欽達合影

閒話徐悲鴻

在隨後觀看的該院美術展覽中，徐悲鴻首次觀賞了泰戈爾的畫作，對這些略近中國文人畫的作品，感覺構圖設色奇古，幽逸深邃，充滿意境。23日，正值國際大學第三十九周年紀念日，徐悲鴻個人畫展在此舉辦，展出包括油畫《田橫五百士》、《廣西三傑》，國畫《九方皋》、《巴人汲水》等在內的作品百餘幅。泰戈爾親為揭幕，並致歡迎辭，新舊學生及來賓近千人參觀了畫展。1940年1月間，徐悲鴻多次為泰戈爾畫像，有一幅至今仍掛在泰戈爾故居的牆上。2月17日，聖雄甘地到國際大學，徐悲鴻在歡迎會上為甘地畫速寫像兩幅，並經泰戈爾介紹會見了甘地先生。同月在加爾各答的印度東方學社舉行了徐悲鴻第二次個人作品展覽會，泰戈爾親筆在印製精美的目錄上撰寫序言。通過舉辦畫展，連結了中印人民的感情，宣傳了中國文化與美術，也使得徐悲鴻成為印度美術界與文化界無人不曉的著名人物。這一年，他除在印度創作了《愚公移山》等不少代表性作品外，還結識了許多印度朋友。他曾與印度大畫家阿邦寧‧泰戈爾（即詩翁泰戈爾的侄子）一起談論藝術，欣賞繪畫，有著深情厚誼；與當時國際大學美術學院院長、印度著名畫家南達拉爾‧卜斯也有很深交往，二人曾合作將泰戈爾的繪畫作品精心加以檢選，得精品370餘幅，最精者70餘幅，擬由國際大學出版，泰戈爾對此深表首肯。以後徐悲鴻曾陸續撰寫發表了〈在泰戈爾歡迎會上的答辭〉、〈我在印度〉、〈懷念詩聖泰戈爾〉、〈漫記印度之天堂〉、〈悼泰戈爾先生並論及繪畫〉等文章，滿懷深情地回憶這段在印度「呼吸和愛之空氣，沾此光明之德澤」的美好時光，及對詩聖泰戈爾的緬懷之情。

早在抗日戰爭期間，尼赫魯對華訪問時，就寫出一份《增進中印接觸的備忘錄》，提出發展關係的七條建議。國民政府亦提出《中印合作措施綱要》：交換教授講學；交換留學生；交換出版物；交換新聞；互派調查、訪問和旅遊團等。這些以後都得以落實。

4.4 徐悲鴻繪泰戈爾像（布面油畫 1940）

1943年，中印兩國政府決定互派留學生。1947年7月，印度臨時政府派遣11名留學生來華，學習中國的語言、藝術、史地和哲學。國民政府教育部對此格外重視，佈置相關院校設置專門機構和專業班級來接待這些留學生。這在同年徐悲鴻致北京大學校長胡適的信中有所反映：

適之先生惠鑒：

十月一日來示奉悉，承約參加印度學生輔導委員會，自當應命。不過鴻以體弱多病，不能隨時到會，在成立會時當可出席一次，特先陳明，尚祈見諒。又印度學生 Chowdhuri 等曾到敝校接洽，並早奉教部訓令，當即開研

究班一班，如該三印籍學生一面在貴校學習中文，一面來
敝校補習繪畫基礎，則彼等將來學習更較便利也，不識尊
意以為何如？專此即叩

道安

　　　　　　　　　　　徐悲鴻頓首　十、六

4.5　徐悲鴻致胡適函（選自耿雲志主編
　　《胡適遺稿及祕藏書信》，黃山書
　　社版1994年）

胡適出席了泰戈爾畫展？

不知是筆誤還是中途變故，以後實際到國立北平藝專研習繪畫的只有蘇可拉（Y.K. Shukla）、周德立（N.R. Chowdhur）兩位。這兩位遠道而來的印度藝術家，都具有相當成熟的印度繪畫基礎，所謂補習繪畫基礎，是指學習中國的傳統繪畫技法。蘇可拉1907生於印度，在孟買學習美術，1934年赴義大利進修，入羅馬藝術學院習版畫，以優異成績畢業。曾在英國倫敦舉辦過展覽會，獲得幾次金牌和獎金。返國後從事教育工作。1947年考獲政府獎學金，來中國研習美術，以促進兩國文化交流。周德立（1910- ？）曾創作過《現代印度教育》巨幅，解釋了甘地提倡工業和教育的情形，在色調和筆觸上很像我國敦煌壁畫，但形式上又像手卷。他們抱著要發展印度繪畫藝術的優秀傳統這一個明確的目標，所以在學習和研究別一種繪畫技巧的時候，就知道如何去批判和借鑒，為自己的創作汲取營養。進入國立藝專後，因為學習中文不久，隨班聽課不方便，徐悲鴻就指派王青芳先生做他們的繪畫指導教師，好在藝術語言是相同的。

王青芳：昔日的「藝術交際花」

　　王青芳何許人也？此人生於1901年，江蘇蕭縣人（今屬安徽省），故號芒碭山人。早年就學於北京美術專科學校，曾與李苦禪、趙望雲等人發起組織「吼虹藝術社」，該社宗旨是「以中為體，以西為用」，提倡新國畫運動，以進步的美術作品弘揚真、善、美，抨擊黑暗社會。畢業後先後任教於北京（平）孔德學校、藝文中學、國立北平藝專、中央美術學院等校。擅長

花鳥走獸，不泥古法，別具創新。崇尚徐悲鴻畫風，所摹其作幾可亂真，曾為詩云：「畫工神駿說徐師，妙手通靈顧愷之！知否燕京有弟子？捧心醜婦效西施。」；兼工書法篆刻，拜齊白石為師，頗得白石翁佳許，謂之「世有罵余者，亦必罵青芳。」弦外之音，不言自明；猶致力木刻創作，取室名萬板樓，自稱萬板樓主，實則亦非虛言：自1930年代初期，他即受到魯迅宣導新興木刻運動的影響，參與北平木刻研究會、平津木刻聯合展覽會及全國木刻聯合展覽會等一系列重大的活動。平日醉心創作，廢寢忘食，其創作內容之廣、數量之多、影響之大，在二十世紀三、四十年代的平津地區無人比肩。更以傳統木刻形式融入新的內容，創作出其獨特的「詩配畫」的木刻藝術形式，謔句打油，友朋唱和，看似隨意之間，留存大量掌故史料，令人倍感新奇，華北各大報刊爭相連載。早期作品選題廣泛，多以底層民眾社會為主，針砭時事，鋒芒畢露；至抗戰爆發，北平淪陷，作品內容趨於隱晦含蓄，藉歷代先賢事蹟，當今學者風範，曲折地抒發作者禦外復興民族精神的意志，諷者以為無聊，識者則擊掌稱道，可謂獨闢蹊徑，另開新風。又以其性格率真，古道衷腸，勤奮努力，熱心公益，享有「藝術交際花」美譽。抗戰勝利後，王青芳受徐悲鴻聘，仍執教於國立北平藝專，教授山水花鳥畫課程，其繪游魚，深得徐悲鴻讚賞，譽之可與素有「金魚王」之稱的汪亞塵抗席。1956年病逝，其「萬板樓」內所藏木刻原版皆焚毀於「文革」時期，著述文稿、書畫篆刻亦散佚四方，聞之令人扼腕。

這兩位印度留學生在徐悲鴻、王青芳和其他一些名畫家如李苦禪、黃均、蔣兆和、啟功等的指導、協助之下，對中國畫的佈

局、造型和筆墨等等特點，作了多方面的研究，並且通過寫生和臨摹相結合的練習，很快地掌握了水墨畫基本技法。同時作了很多構圖練習，這些構圖的題材內容是印度的，表現方法則採用了中國的白描和水墨渲染，這種嘗試以蘇可拉做得最多。1948年5月1日，中國美術學院、國立北平藝專與北平美術作家協會聯合舉行美展時，徐悲鴻撰文《介紹幾位作家的作品》，就其中最具性格之作，加以介紹：其中「印度之蘇可拉君，已在其本國建立地位，昔曾留學義大利，尤精版畫，去年來中國研究中國繪事，此次出陳王青芳像，氣勢勇強，與其另陳之小幅印度畫大異其趣。另一位印度畫家周德立，為印度當代大畫家囊達拉・波司先生門下，畫風略為浮動，但其印度作品甘地使命大橫幅，則殊老到也。」蘇可拉對中國文化藝術極為推崇，對繪畫、篆刻乃至裝裱都曾潛心學習，獲有心得。他還曾多次獲得徐悲鴻贈送的奔馬、喜鵲、山水等畫作，也得到過齊白石、黃君璧、傅抱石、王青芳等人作品饋贈。這些作品經他帶回印度，直到1990年代後期方在英國倫敦釋出。而在1948年11月下旬，經蘇可拉努力，還促成將王青芳畫品二十幅運往印度展覽、藉以溝通中印藝術交流之佳事。

胡適及徐悲鴻對蘇可拉甚為垂顧，
為籌辦其展覽奔走盡力

1948年6月4日下午四時，在北京大學孑民紀念堂舉行了中印繪畫聯合展茶會，也就是繪畫展覽的預展。故都文化界馮友蘭、

周炳琳、李書華、徐悲鴻、黎錦熙、楊振聲、沈從文、葉淺予、季羨林、邵循正、王青芳、唐蘭、朱光潛、吳曉鈴、陳夢家、泰無量、師覺月等中外人士八十餘人出席。校長胡適主持並致詞，介紹蘇可拉、周德立兩位美術家，申明這次畫展是他們的畢業成績預展，也是他們工作成績的預展。並對徐悲鴻、王青芳的教導表示感謝。徐悲鴻在發言中講述了中印文化源遠流長的關係，認為中印兩國在兩千年歷史上的文化關係，是人類最理想的關係，這關係如不繼續，是人類史上最可惜的事。如今在胡先生領導之下，大家從事這種工作，雖然發端不大，但在人類文化上一定大有貢獻。演講完畢，眾人隨即參觀蘇可拉、周德立二人作品，徐悲鴻、葉淺予留印作品、泰戈爾和卜斯贈送給胡適的繪畫作品數幅也同時參加展出。葉淺予曾於1943年夏，應駐華美軍司令史迪威邀請，以戰地記者名義，前往印度蘭伽中美訓練營，並遊覽佛國，訪問過寂鄉詩人泰戈爾創辦的國際大學，在幽雅蕭穆極富詩意的環境中，接觸到印度的美妙舞蹈，並產生出濃厚興趣，畫有大量舞蹈形象和印度風光寫生。

關於此次展覽，北平的多家報紙進行了報導，如《平明日報》刊登胡冰特寫《印度風吹到北大，中印聯合畫展先睹記》，詳盡介紹舉辦畫展經過及其創作成績。文中認為蘇可拉、周德立兩人作品，多半是模仿徐悲鴻和王青芳的作風，所畫的雞、馬和風景等均有神似之處。兩位還有些素描和純印度風的色彩畫，都很見工力。會場中陳列著泰戈爾所畫的三張畫，一張是許多鬼臉，一張是女像，還有一張作煙雲潮泛之狀，徐悲鴻認為這幾件作品正表現了詩翁極度的天真和完全的性靈。這是1924年4月間

泰戈爾訪華來京時，胡適將以往所作的〈回向〉一詩寫成橫幅作為六十四歲生日禮品送給詩翁的回報。此外，展出的卜斯作品內，有一幅水墨畫《困象》，是他送給胡適校長的，上面有印度文的題字，胡氏在題跋中寫著：「一九二四年五月，印度藝術家卜斯先生（Nardaia Bois）作了這幅《困象》送給我。上方的題字大旨是：有待於外的，是痛苦之因；自足於心的，是快樂之源。胡適。一九二四，六，十。」徐悲鴻這次參加展出的作品有《泰戈爾翁像》、《世界第二高峰》和許多素描的照片；葉淺予的作品有在印度的素描多幅，以及印度人的舞姿等彩墨畫。參觀結束後，大家到院中合影留念，然後應胡適邀請去參觀北京大學博物館籌建處。

子民堂故址，位於北京市東城區北河沿大街。原為清乾隆朝大學士傅恆宅第。清末，裔孫松椿承襲公爵，該府即稱為「松公府」。民國初，此宅歸併北京大學。1947年北京大學為紀念蔡元培，將宅第西部中間一院改成「子民紀念堂」，以紀念民主革命家、教育家蔡元培先生（子民為蔡元培的號）。子民堂坐北朝南，三進四合院，南有垂花門，門內即為前院，院內北房五間，有正殿五間，帶前後廊，前有月臺三面出階，硬山頂灰筒瓦過壟脊屋面，室內為井口天花，兩側有耳房各一間。東西廂房各三間，院子四周有圍廊相互，廊子上有倒掛楣子，下帶坐凳欄杆。府內雕樑畫棟，古槐參天。每到夏季，濃蔭匝地，蟬聲悠長，寂若古剎。院內的幾棵松樹，據說還是傅恆親手栽種。這幅合影即在正殿臺階前所攝。對照現存的遺址照片來看，舊時圍廊上方彩繪紋飾已蕩然無存，往昔建築的豪華景象、留影者風華正茂的身影，已隨風雨飄逝、物是人非矣。

胡適先生倘若在世能否親自出席泰戈爾畫展呢？

如果對照片細加辨識，還是能多認出幾位熟悉的面孔：前排左6王青芳，既是本文的主人翁之一，依然是仰首遠眺的習慣性姿態，居中的位置，也能說明人物的重要。緊鄰的那位印度青年，該不會就是蘇可拉吧？徐悲鴻右側的那位戴印度帽者，從站位來講，有可能為另一位畫家周德立？因手邊沒有兩位畫家的照片可參照，留待考察。左10西裝紫花紋領帶者即葉淺予，畫展的參與者之一，此時為國立藝專圖案系主任。他的左上方那位著西裝繫領帶者為法學院院長周炳琳，胡適離平後曾與鄭天挺、湯用彤主持校務。二排右1陳夢家，著名詩人、考古學家。他的下方戴眼鏡者為油畫家衛天霖，不久之後便偕其子女奔赴西北解放區。而他的上方，即三排右1為楊振聲，教育家、作家，北京大學中文系教授。三排中間鄧廣銘的左後方那位被遮擋的戴眼鏡者，應當是史學家唐蘭；右後側稍有遮擋者為文學系教授沈從文，不久前剛剛為印度泰無量所譯的印度彭加利文《中國小說》一書作序。同時參與了由胡適、湯用彤、韓壽萱等組織的北京大學博物館籌備委員會，並在博物館專修科任教。有著這樣的背景，文學家之後竟以文博專家聞名，也就多了一層注解。沈的右側身著西裝、戴深色眼鏡的那位，就是印度著名的中國學學者師覺月先生。他的《印度與中國：千年文化關係》論述中國的古代交通、佛教往來、佛教在中國、佛教文化在中國、印度藝術和科學在中國、兩大文明的比較等問題，是研究

中印文化交流史重要篇章。此時，他正在首次來華講學、榮任北大客座教授期間。

雖然子民堂門口貼著「今天招待特別來賓，明日起公開展覽」的通告，但許多北大學生都趁此機會一擁而進，落得先睹為快了。從事研究包括中國在內的世界現代化進程史、美國史和拉美史的北京大學教授羅榮渠，當年還是位歷史系的在校生，因出生於書畫世家，父親羅文謨是彼時比較有名的畫家，跟張大千、徐悲鴻、謝無量等人皆有往來，並於1945年5月間在重慶舉辦過個人畫展。羅榮渠自己對美術有著濃厚的興趣，曾參加過著名版畫家李樺的木刻班，因此像這樣的畫展他一般不會放過。他在1948年6月4日星期五的日記中寫道：「下午課畢過子民堂，看正在舉辦的中印畫展。中外仕女來賓不少，由胡適主持，作者為Sukola（蘇可拉）、葉淺予、徐悲鴻等氏，還有幾幅泰戈爾作的很有靈性的作品。我們特別注意印度畫家畫中國畫，他們有西洋的技巧訓練，也多少有創作天才，不過在以線條勝出的白描方面，他們失敗了，因為他們筆力太差。」（羅榮渠著《北大歲月》，北京，商務印書館2006年）這是頗有見地的藝術品評，也是一篇極為難得的史料，來自於中印文化交流活動的目擊者，它印證了這幅合影拍照的時間、畫展內容。

這非為「泰戈爾畫展」，確切說來是一個中印繪畫的聯合展，有印度人畫的中國畫，也有中國人畫的印度風物，前者是這個展覽的主體——藝專印度留學生蘇可拉、周德立二人的畢業作品展。後者是徐悲鴻、葉淺予二氏在印度的作品。另外還陳列著一部分更為珍貴的印度名人的作品。其正式展出時間只有5、6兩

日。據王青芳告記者：他們的作品下禮拜二（8日）起，將移到前門箭樓公開展覽一周，展出作品比這次還要多些。這樣推算，是無論如何不可能在15日這天合影於子民紀念堂的。

這年8月間，蘇可拉個人畫展還曾在南京中央大學舉辦過一次，徐悲鴻的推薦不容質疑，而作為著名畫家的傅抱石將自存賞玩之作《柳蔭美人》圖題贈這位印度畫家，看得出視同知己、以藝會友的那份情誼。圖中弱柳依依，輕掠畫面，枝稍下，赫衣仕女折梅，禹禹獨行，回首凝望，若有所盼。該作設色清麗，著重描繪出仕女氣質優雅、含蓄動人的意態，寫來細緻用心，應屬一九四五年至四六年間愜意之作。款識：「抱石寫於東川。蘇可拉先生法家教正，戊子秋金陵並記。」

巧合的是，與北京「胡適文物圖片展」遙相呼應的「泰戈爾：遠行的羅曼史」泰戈爾畫展此時正在雲南大學舉行。此次畫展是紀念羅賓德拉納特・泰戈爾誕辰150周年、中印建交60周年系列活動之一，由印度文化關係委員會、印度駐廣州總領事館和雲南大學聯合舉辦。展出泰戈爾高模仿繪畫作品45幅，分肖像靜物、自然風光、戲劇場景和藝術之語4個系列。這些作品的選擇，是否出於七十年前由中國的美術大師徐悲鴻與印度著名畫家南達拉爾・卜斯精心檢選所得那批泰戈爾繪畫精品之中呢？胡適先生倘若在世能否親自出席泰戈爾畫展呢？

　　　　壬辰正月初四夜初稿於京北平雲樓隱約的炮竹聲中

胡適出席了泰戈爾畫展？

誰是國畫論戰的調和人？

榮宏君著《世紀恩怨：徐悲鴻與劉海粟》（同心出版社2009年6月出版）P.68引張伯駒跋劉海粟《驪山圖卷》：

> 海粟為悲鴻之師，後偶生嫌隙，亦頗似梨園程硯秋與梅蘭芳之事。葉遐翁（恭綽）勸之，海粟盡釋然。余亦曾與悲鴻發生論戰，悲鴻謂：京畫家只能臨摹，不能創作。又謂其美專學生猶勝王石谷。余則謂：臨摹為創作之母，王石谷畫多法度，仍可為後生借鑒。經友劉天華調解，乃復友如初。此兩事為後之畫家所不知，因重記之，以為異日藝苑掌故。

文中所述「余亦曾與悲鴻發生論戰」語，係指1947年10月2日因國立北平藝專國畫組秦仲文、李智超、陳緣

5.1 榮宏君著《世紀恩怨：徐悲鴻與劉海粟》書影

督三教授對校長徐悲鴻指定國畫授課範圍及進度等作法不滿，認為受到無理之污辱，為維持人格及尊嚴，遂提出罷教，從而引發的一場聲勢浩大的有關國畫創作方法及理論上不同觀點的論爭，參與其中的主要是以徐悲鴻為代表的北平藝專、北平美術作家協會及中國美術學院三團體和與張伯駒為代表的北平市美術會、國民黨北平市黨部等組織的兩大對立陣營，期間經媒體及社會各界相關人士的關注及參與，使最初的由教員對校內教學安排不滿產生的具體事件，逐漸發展到國畫理論觀點各異的論爭和不同政治背景下團體間的相互對立；言辭之激烈，涉及人物之眾多，成為轟動一時的社會新聞。這場歷時長達數月之久的論戰，成為中國現代美術發展史上一段重要的經歷；就徐悲鴻個人而言，也是繼1929年4月全國第一屆美術展覽時與徐志摩「惑」之論戰、1932年11月與劉海粟《申報》論戰後的又一次，不過此次並非孤軍奮戰，而是有了一個強大的團體作後盾，集體參戰。事件本身的具體過程和論爭結果，從當時的平津乃至國內其他主要報刊相關報導和日後刊佈的相關人物著述及研究文獻中，讀者可以進一步去查閱參考、深入研究，本無需作過多敘述。然而，筆者對於張氏跋語「經友劉天華調解，乃復友如初」一句深感不解，因音樂家劉天華病逝於1932年，即便生前與張伯駒交誼深厚（尚需查考），也不可能時隔十數年之後「人鬼情未了」般地再充當調解人也。所以就掌握資料略作考釋，試圖解惑。

　　劉天華（1895-1932）原名壽椿，江蘇省江陰縣人。中國現代民族音樂事業的開拓者，作曲家、演奏家、教育家。他在我國音樂史上第一個沿用西方五線譜記錄整理民間音樂，大膽借鑒

「西樂」改進國樂，將傳統的二胡三把位延伸到五把位，使二胡的表現力達到前所未有的境地；將琵琶的四相十品改革成六相十八品半，使琵琶成為世界通用的音律十二平均律樂器，賦予這兩件古老的民族樂器以新的生命；並將二胡、琵琶等民族樂器納入高等音樂教育課程。他曾任教於北京大學音樂傳習所、北京女子高等師範學校和北京藝術專科學校諸所大學教授二胡、琵琶課程。其代表曲作《病中吟》、《良霄》、《空山鳥語》、《光明行》等膾炙人口，至今流傳。1932年6月1日他赴天橋收集鑼鼓譜，不幸感染猩紅熱，罹病僅一星期，即於6月8日晨5時20分逝世。享年37歲。而其兄，著名的文學家、語言學家、教育家劉半農，亦於1934年7月14日因赴綏遠一帶考察方音民俗時感染「回歸熱」不治身亡。翌年5月29日，劉氏兄弟同葬於北平西郊香山的玉皇頂。

既然劉天華不可能成為這場國畫論戰的調和人，那麼是否意味著調和事件本身也存在著疑問？據當時《新民報》記者採訪徐悲鴻，詢及國畫論戰之調停近況時，徐氏的回答：「連日迭接各方面好友來函，提及此事，其情可感，唯內中有已失去調停人資格，渠等曾均參加反對方面者。同時大多數函件內容，未能著重學術的討論，而側重有關說罷教教員復教及增加鐘點等問題。」

可見事實本身的存在，只是能擔當起讓對立雙方都能認可的人物難得而已。

終究誰是國畫論戰的調和人？版畫家劉鐵華。

劉鐵華（1915-1997）。筆名王軍、漆石舞、劉流、鐵軍等。河北蓟縣人。早年就讀於（私立）北平美術學院西畫系，1932年加入左聯、反帝大同盟。翌年在學校組織未名木刻研究會。1934年因開展進步木刻運動被捕入獄。1937年出獄後赴南京八路軍辦事處任交通員，抗戰後曾在西安主持全國抗敵漫畫木刻家協會西北分會的工作，主編《抗敵畫報》，1942年到重慶中蘇文化協會任助理祕書兼藝術幹事，並主持中國木刻研究會工作，任常務理事。這一時期曾主編《美術家》雜誌，《國民日報》、《新蜀報》木刻副刊，出版了《木刻初步》、《版畫藝術》等

5.3　木刻家劉鐵華像

著作，重慶市曾為其舉辦個人木刻展覽。1947年到北平任私立惠中女子中學校長，兼任國立藝專木刻導師。曾主編北平《益世報·星海》副刊、《經世日報·藝術週刊》。北平美術作家協會成立後任理事。1949年後以從事美術教育工作為主，1960年曾在鄭州舉辦個人木刻展覽。先後任教於鄭州師專、河南師範大學。作品有《塞外風光》（1937）、《東

北健兒》（1938）、《魯迅先生》（1940）、《抗日挺進敵後》
（1944）、《革命聖地延安》（1962）、《雁鳴長空》（1979）
等，其中有些作品被選入美國和日本出版的中國木刻集。

有關劉鐵華的簡歷，曾收入諸多人物辭典，較為詳細的當
屬《中國藝術家辭典‧第二分冊》（北京語言學院《中國藝術家
辭典》編委會主編，湖南人民出版社1981年出版）之條目，那是
作者親自提供的。不久前，筆者有幸得到新疆石河子師範學院李
揚先生提供的劉鐵華撰述簡歷手跡影本一份，於此獲悉有關他在
1947年間的一些經歷，或許能使讀者對他在國畫論戰期間的特殊
地位有所理解，特迻錄於此，以存史料：

1947年4月由重慶經過河南省開封，舉辦中國木刻展，
我寫一篇《中國木刻奮鬥史》登《河南日報》三大版面。

1947年5月間到上海，在《聯合畫報》上發表我抗日
勝利歸來，並自己插圖，罵偽國民黨無恥，接收大員，搶
勝利果實。

後來出了1.《八年抗戰木刻集》（開明書店出版）；
2.《中國木刻》（上海晨光出版社出版），都有我的作品。

1947年7月間到北平接辦惠中女子中學校，當校長

兼北平《益世報》副刊編輯《星海》

兼北平國立藝專木刻課程名譽導師

兼北平《經世日報》「藝術」週刊，我主編

兼《國民新報》「藝術陣地」，每週一次，我主編

兼《美術家》刊物，是重慶《美術家》被查封，到

北平出版了。北平出的《美術家》叫副刊，包括音樂、戲劇、電影、繪畫等

（一）成立中國木刻作家協會北平分會，主持人是我。

（二）成立北平美術作家協會，會長徐悲鴻，我是副祕書長。展開對中華美術作家協會作鬥爭。本來我們也都是中華美術作家協會會員，為反偽國民黨駐北平大員李辰冬，故反對他們，才成立此協會，對抗之意。

當時北平新繪畫與舊繪畫論戰，就是此事。掀起了新舊的藝術觀點辯論高潮。

需要說明的是：「中華美術作家協會」應為「中華全國美術會」，是國民政府組織的美術團體，該會的宗旨是：「以聯絡美術界感情，團結美術界力量，為謀學術上之磋勵，及美術事業之進展」。1933年11月12日成立於南京時名為中國美術會，選舉張道藩為總幹事，于右任、王祺、張道藩、高希舜、李毅士、章毅然、湯文聰、陳之佛、梁鼎銘九人當選為第一屆美術會理事。此後，徐悲鴻當選為第二、三屆理事（以後各屆是否連任待查）。該會會員幾乎包括中國著名畫家、美術理論家、美術教育家和美術鑒賞家，至1947年會員總數已達348人。1937年抗日戰爭爆發後，該會遷至重慶。1940年更名「中華全國美術會」，張道藩任理事長。1946年3月25日美術節時，中華全國美術會北平分會假中山公園來今雨軒開成立大會，推鄧以蟄（叔存）為理事長。同日《華北日報》曾辟「美術節特刊」專版，刊登鄧以蟄《美

術的生命與使命》、秦仲文《美術節漫話》及《中華全國美術會北平分會成立大會宣言》諸文。翌年8月間召開第二屆年會第一次理監事聯席會議上，公舉張伯駒為理事長，張伯駒、李辰冬、陸鴻年、吳幻蓀、李智超為常務理事。曾一櫓、門榮華、潘素為常務監事，趙夢朱為祕書。罷教之秦、李、陳三教授均列理事名單中。

　　罷教事件開始後，北平市美術會立即召開常務會議，並舉行記者招待會，理事長張伯駒首先聲明支援藝專被解聘三教授藝術立場，並非為私人關係對徐氏個人有所不滿。認為西畫是寫實的，以形似為主，而國畫是超寫實的，以韻味為主。徐氏專騖形似近乎與照相爭巧拙，國畫以韻味勝乃民族藝術風格。同時散發、刊登《反對徐悲鴻摧殘國畫》的傳單和宣言。徐悲鴻等針鋒相對，同樣召開記者招待會，散發《新國畫建立之步驟》等書面發言，闡明教育與藝術主張。並通過廣播暢談當前中國藝術問題，主張藝術要求真，要以素描作基礎。平心而論，徐悲鴻曾經對秦仲文等人的藝術水準還是肯定的，早在半年前撰寫的〈國立北平藝專美展評議〉一文中稱：「秦仲文先生此次出品中松瀑合幅極具氣勢，筆法老練，雪竹一幅尤見精能，皆是佳構；陸鴻年先生月林清影，俊逸天成；陳緣督先生人物，工力老到；李智超先生山水四幅，奄有石濤瀟江之奇；王青芳先生之游鱗可與亞塵抗席……」，於此，即可體會到當時徐氏為本校擁有創作藝術水準高超教員而歡喜自豪的心境。然而，今非昔比，教學方式與藝術觀念相左，道不同而言各異。當徐悲鴻接受《新民報》記者談話時就有了「全國美術會北平分會張伯駒曾來信給調停，我不接

誰是國畫論戰的調和人？

受，用不著調停。我走了多少地方，喜馬拉雅山我住過半年，人物、翎毛、動物我都能畫，花卉也有幾手，山水要畫也可以；自然他們認為是狗屁，但他們的我也看作狗屁。他們簡直不堪一擊，有了電燈何以偏要點起洋蠟，況且連洋蠟也趕不上，也談創造新藝術才笑話呢」諸語，激憤之情顯而易見，「論戰」氣氛至今似能感受。為此，張伯駒發表了〈我對於文化藝術創造之意見〉，進一步申述自己的藝術觀點。前引跋文中「余亦曾與悲鴻發生論戰」緣由即此。

言歸正傳，劉鐵華之所以能成為調和人，至少具備了三個條件：

5.4　1930年代張伯駒

首先，他早年畢業於北平美術學院，該校實即1924年成立的私立京華美專，校長尹述賢。後更名北平美術學院，因與平市其他美術學院名稱容易混淆，為使社會人士對該院過去歷史及現在成績明瞭起見，又於1933年10月經董事會同意改稱京華美術學院。劉石麟、周養庵、邱石冥、楊仲子、吳鏡汀、于非厂、汪慎生、周懷民、吳光宇、譚同冏、薩空了等先後擔任過校董及

教職員，其中不乏當時北平畫壇上的知名人物，即所謂「京派」之代表人物。劉氏與此輩人物有師生之交，又同為中華全國美術會會員，容易從感情上拉近距離。

其次，1946年10月16日成立的北平美術作家協會由吳作人為理事長，徐悲鴻為名譽會長，鄧以蟄、溥心畬等為名譽會員（論戰開始後報導稱溥氏作壁上觀，大概與此有關）。劉鐵華為理事之一，同時又是國立北平藝專的兼職導師，藝術觀點與徐悲鴻相近，並在論戰時積極支持徐氏的觀點。據當時報載：「自國立北平藝專國畫組三教授因不滿該校校長徐悲鴻對國畫組之措施，發生罷教後，北平藝術界展開白熱化國畫論戰。美術會平分會為了支持三教授，反對該校國畫理論上之主張，認徐悲鴻有意摧殘中國故有藝術，蔑視國畫之價值，中華全國美術會留平會員劉鐵華、黃養輝等十六人發表聯合聲明，認美術會平分會在國畫理論上如有殊見時，盡可善意建議，似不應以分會名義，發表宣言，攻擊私人。」「中華全國美術會留平會員劉鐵華等十二人，也加入戰團，駁斥美術會態度偏頗。其大意謂：國畫應否改革之爭，即成過去，中國自明以降，即陷入『師古』的泥沼，如不自拔，終必墜落絕境，今北平美術會在國畫理論上，既有殊見，盡可在理論上多所發表，或善意建議，豈可濫發宣言，肆意誣謗同一團體中之理事。劉等末謂：我們相信北平美術會不乏明達之士，為建設新文化，應多增團結力量，則中國藝術前途甚幸……等語，以回應徐校長的談話。」組織、思想及行動上都能與徐悲鴻站在一起，是不難得到徐悲鴻認可的。（參見1947年10月《中央日報》、《華北日報》、《新民報》等報）

第三，他從事數種報刊（副刊）主編職務，與報界聯繫廣泛，也得到了眾多文化界人士的支持，特別在藝術領域，如簡歷中提到的主編《經世日報‧藝術》週刊，即由徐悲鴻題寫刊頭，並撰寫了《發刊詞》。通過利用宣傳陣地，無論是輿論導向還是藝術觀點闡述上，都使得徐悲鴻一方在這場論戰中具有優勢地位。自然，這與時代發展對藝術觀念的轉變而產生重大影響也使之成為一種必然趨勢。

有了這樣的多種條件，則擔當調和人的角色也就在情理之中了。10月25日《華北日報》刊登消息：北平美術作家協會劉鐵華頃為藝專校長徐悲鴻與北平市美術協會國畫見解不同發生爭論事，出面調解。雙方均認為理論上盡可爭論，而意氣之爭，並無繼續之必要，彼主張立於藝術運動上調和古今藝術之關係，蓋古今實有連續性質也。

事件本身的停息，並非意味著放棄各自的觀念，而藝術理論的論爭將長久地延續下去，這符合歷史發展的規律，對藝術創作、藝術理論和藝術走向的探討具有十分重要的現實意義。

劉海粟於1956年10月間創作水墨長卷《驪山圖卷》圖版，收入謝海燕主編《劉海粟》大型圖集，由江蘇美術出版社2002年11月出版，可惜張氏跋文因圖版過小，無法辨識原文。檢石楠著《百年風流：藝術大師劉海粟的友情與愛情》（文化藝術出版社1997年9月出版）中〈一場波及畫壇半世紀的筆記〉內引有張伯駒跋《驪山圖卷》文，既作「劉天華」。榮宏君文所引不知何據？故尚難斷定是張氏記憶失誤抑或筆誤，還是後人摘引時出錯？然而，事實證明這場國畫論戰中擔當調和人者為「劉鐵華」

而非「劉天華」無疑。雖區區一字之差，已於史實相左，人事混
淆，以訛傳訛，日久天長，難料此「異日藝苑掌故」又將演變出
何等諸多版本？茲不揣淺陋，據掌握相關資料草成此文，意在儘
量還原歷史真相。一己之見，幸祈方家教正。

己丑白露夜草成於京城

北平市美術會成立始末
——1947年「國畫論爭」兩團體組建考略之一

　　北平市美術會的偶然被人提起，還是要借助於1947年10月間因國立北平藝專國畫組秦仲文、李智超、陳緣督三教授對校長徐悲鴻指定國畫授課範圍及進度等作法不滿，認為受到無理之污辱，為維持人格及尊嚴，遂提出罷教，隨著北平市美術會、北平美術作家協會等團體的介入，形成對立的兩大陣營，引發出一場聲勢浩大的有關國畫創作方法及理論上不同觀點的論爭。對於這場自「五・四」新文化運動以來中國畫界不同觀點在北平地區空前的一次亮相所產生的意義，研究者們在日後的論述中有著不同的觀點，有興趣的讀者自會從大量的文獻中進行查閱領會，在此毋庸贅言。筆者曾撰有小文〈誰是國畫論戰的調和人〉[1]，主要針對相關著述中引用張伯駒跋劉海粟《驪山圖卷》文中「經友劉天華調解，乃復友如初」一句深感不解，進而加以考釋，得出當係版畫家劉鐵華之誤，雖區區一字之差，人事混淆，以訛傳訛，已於史實相左，日久天長，難料此「異日藝苑掌故」又將演變出何等諸多版本？文章雖涉及論爭雙方社團情況，但限於篇幅及寫作主旨，未曾展開詳加介紹。之所以不揣淺陋欲加打撈封塵史料作一介紹，也是感歎於當今記述這段史實的著述中，缺乏詳盡的介紹，甚或名稱混淆、事件誤植等[2]，給讀者閱讀帶來困惑和誤

導，有悖於治史之責。有鑑於此，茲據相關報刊、檔案資料草成拙文，聊供今後撰寫本節內容及中國美術社團條目研究者參考，不當之處尚祈方家指正。

中華全國美術會北平分會的成立

1946年3月25日，為抗戰勝利後國民政府明令規定的美術節。北平市美術界人士為擴大慶祝這第一屆佳節，已經積極籌備多日。慶祝當天，故宮博物院開放，各美術院校及大學美術系均放假一日，北平臨時區大學臨時第八班（即前國立北平藝專）並單獨舉行美術展覽會。慶祝活動的重頭戲是中華全國美術會北平分會於上午十時假中山公園來今雨軒開成立大會，出席各機關代表及美術界人士二百餘人，首由主席團張伯駒、鄧以蟄、李辰冬、丁雲樵、溥雪齋報告慶祝美術節意義及全國美術會北平分會籌備經過，繼由于紀夢、溫崇信、英千里、趙伯陶諸氏相繼致辭後討論會章、選舉理監事，確定了「本會以聯絡美術家感情，集合美術界力量，研究美術教育，推進美術運動，致力建國工作為宗旨」，以「保存發揚吾國固有之美術」為己任，實現「培養民族道德轉移社會風氣；發揮真正民主精神，增高國家觀念；保存北平歷史莊嚴國際觀瞻」之使命，其重要任務五項為：美術教育研究、美術運動推進、美術教育與美術運動配合建國工作之規劃與策動、美術品徵集與展覽及美術家聯絡與互助。

6.1　1946年3月25日《華北日報》「美術節特刊」

　　中午由社會局溫崇信局長招待出席大會各機關代表及全體
會員午餐。下午二時美術展覽假公園董事會開幕，並連續舉行三
日。中央攝影場拍製了新聞片，《華北日報》出版了「美術節特
刊」，刊登鄧以蟄〈美術的生命與使命〉、秦仲文〈美術節漫
話〉及〈中華全國美術會北平分會成立大會宣言〉，還附有陸鴻

0
8
1

北平市美術會成立始末

年作《慶祝美術節聲中之北平美術界總動員》漫畫一幅。晚七時，鄧以蟄等人又在廣播電臺進行有關美術之演講。27日晚昆曲社假建國東堂招待全體會員觀劇，慶祝活動可謂是豐富多彩。

既然是中華全國美術會北平分會，則需在此將本會沿革作一介紹：

「中華全國美術會」，是國民政府組織的美術團體。該會最初定名為中國美術會，由王祺、高希舜、李毅士、張道藩、潘玉良等五十三人共同發起組織，宗旨為：「以聯絡美術界感情，團結美術界力量，為謀學術上之磋礪，及美術上之進展」。1933年11月12日在南京成立，張道藩任理事長，王祺任總幹事，徐悲鴻等人任理事。早期會員多集中在上海、南京等地，北平會員僅有王悅之、王青芳和程枕霞數人。至1947年會員總數已達348人。抗日戰爭爆發後，該會遷至重慶，1940年5月更名「中華全國美術會」。戰前曾創辦《中國美術會季刊》四期，刊登美術理論研究文章和會員的美術作品，王青芳、徐悲鴻等人的作品都曾見刊。抗戰勝利後，北方美術建設工作急待推進，故而依照總會意圖成立北平分會。

30日，在來今雨軒召開的第一次全體理監事聯席會上，即席推選出鄧以蟄為理事長，丁雲樵、張伯駒為副理事長，理事鄧以蟄、丁雲樵、張伯駒、陸鴻年、李智超、秦仲文、晏少翔、溥雪齋、王青芳、王雪濤、溥心畬、趙夢朱、齊白石、田世光、吳幻蓀、李辰冬、陳緣督、吳鏡汀、陸和九、王靜遠、張其翼、黃均、季觀之、吳光宇、惠均、李旭英、壽鐧、馬伯逸、于非厂、唐怡等三十人，監事孫誦昭、王慕樵、宋君方、陳萬宜、曾一櫓、卜孝懷、王藍、吳詠香、陳雋甫、李衡伯、唐嗣堯、趙洪

怡、潘素、門榮華、徐沛貞等十五人。該會此時登記會員二百名，計畫每年舉行會員作品展覽二次。

該會最初覓定內一區八面槽七十四號（臨時），後又定在椿樹胡同二號為會址（即中央文化運動委員會平津特派員辦事處），從二者地理位置的座標交叉點來分析，當在今東城區燈市西口南側內，毗鄰天主教堂俗稱東堂處。抗戰勝利後一度又被稱為「建國東堂」，曾為該會及北平臨時大學補習班第八班經常舉辦活動的場所。這是一幢仿文藝復興時期羅馬式建築，原屬葡萄牙耶穌教會，始建於清順治十二年（1655），為北京城內的第二座天主教堂，正面是一座穹窿頂的塔樓，整座教堂用灰磚砌成，正立面基座類似須彌座，用白石雕刻而成，堂內曾陳放多幅郎世寧繪製的聖像。後疊經天災人禍，屢次重建，現今所有為光緒三十年（1904）法國人用「庚子賠款」中的錢重建的。南側曾有惠我小學，即王府井小學前身，是否為教會開辦不得而知，至20世紀末，遷校拆牆，使之成為王府井大街一道靚麗建築風景。

6.2　北京八面槽天主教堂（東堂）

北平市美術會成立始末

首任理事長鄧以蟄（1892-1973）字叔存，安徽懷寧人，清代著名書法家鄧石如五世孫。早年東渡日本學習日語，1917年赴美國留學，入哥倫比亞大學專攻哲學、美學。1923年秋回國後，任教於北京大學哲學系，講授美學、美術史課程。自1929年起，除抗戰時期外，一直在清華大學哲學系任教授。1952年全國高校院系調整時到北京大學哲學系任教授。主要著作為《藝術家的難關》、《畫理探微》、《六法通論》等。其對中國古代書畫研究著述，通幾研微，深入幽玄，從史料和理論上闡發中國書畫的內在精神和形式特徵，具有極高價值，已被收錄到《鄧以蟄全集》內（安徽教育出版社出版，1998年）。是集出版後，筆者承責編許振軒先生簽贈紀念，並以留意佚文，以備他日修訂增補為託，故銘記於心，時有所獲，本文所示二篇即在其中。

6.3　鄧以蟄1921年攝於美國哥倫比亞大學
　　（選自《鄧以蟄全集》）

1945年8月抗戰勝利後，教育部接收北平教育機構，特設北平臨時區大學補習班，由陳雪屏負責。偽北京藝專被編為補習班第八分班，以鄧以蟄為主任，教學開展採取了按系班級分別開課教授，並組織郊外旅行寫生、參加社會徵集作品、舉辦專門成績畫展等方式配

合教學，此外還組織學術講座，邀請學者名人來校專題講座；組織綜藝劇團和話劇研究班進行抗戰劇目及文藝演出於建國東堂。1946年7月補習班結束時，曾印有《北平臨時大學補習班第八班教職員同學錄》，鄧以蟄撰寫了前言，文曰：

> 夫萍蓬之跡以聚合而為難，朋友之情因離索而增重，況乎風儀相尚，氣誼凤敦，其為感愴，不更甚乎。藝校創立迄今將歷卅稔，規制大備，往績隆然，其間賢彥翕集，人才蔚興，或振采名邦，或馳譽藝苑，樹風聲於後學，接芳躅於前修，板蕩八年，英華未墜，洎本班肇始，重在甄鑒，或仍或革，因時制宜，居諸不留。倏屬期終，諸子學成，黯然將別，爰輯斯錄，屬序於余，以蟄自維迂疏，不足模楷多士，顧有管願為商榷，中華藝術□異泰西，撫神者每遺其貌，尚質者或略於形，雖妙解獨超而偏枯貽累，未臻融貫，識者憾焉。今則羅中外於一堂，兼形神而並重，會心不遠，精詣無難，諸子卓犖英多，迨群孟晉，德業並茂，左券可操，用代贈言，勉旃自愛。
>
> 三十五年七月鄧以蟄序。

時由國民政府主席蔣介石親發手令：「收復區臨時大學補習班學生畢業證書問題，亟須妥為解決。領得臨時大學畢業證明書者，應准參加國立大學相當系級畢業考試。」其證書稱為臨時大學畢業證明書，由教育部部長朱家驊署名，加蓋教育部印，以此作為安撫淪陷區學生繼續升學及就業之資，但隨之採取對教育界

的甄審措施,引發了各校師生的抵觸情緒,並沒有達到預期的目的。好在臨時第八班學生除去已經畢業者外,旋即轉入復校後的國立北平藝術專科學校繼續學業,其校長為著名畫家、美術教育家徐悲鴻先生。

由中華全國美術會北平分會更名為北平市美術會

既然是組織團體,依照國民政府制定的相關規定則應照章呈請有關部門審核登記立案。即便是你社會局長親自出席成立大會並還曾出面設宴招待各會員,那段慷慨激揚的演講稿事後見諸於白紙黑字的報紙上,這樣的即成事實在審核登記程式上也說明不了什麼!哪裏管你是否人員已經就職、會務已經開展的事實存在,也須照章辦事,毫不含糊。

在1946年6月4日社會局收到該會《呈為本會業經成立謹檢同本會會章程即理監事名單呈請鑒核備案》呈文後,經第十次民運會討論決議時,偏偏生出一段小插曲:在「審核意見」一欄中出現了「卷查該總會在社會所直轄團體一覽內業經備案,惟據查該分會雖稱由總會理事長張道藩指示成立,究未能提出證明文件,似應函詢該總會覆核辦,擬提民運會報。」這「系總會理事長張道藩來平時允為成立之說」的「雖稱」出於該會祕書周鴻鈺之口,但口說無憑,要拿出實際的證據來。

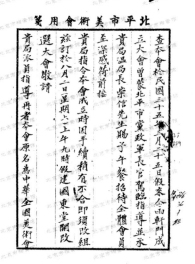
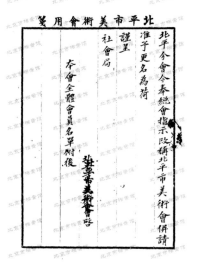

右側文書（img_2）：

查本會於民國三十五年八月二十五日假東今兩軒門成
三大會曾蒙北平市黨政軍長官駕臨指導並承
貴局溫局長崇信先生賜予午餐招待全體會員
至深感荷前經
貴局指令本會戌立時因平續稍有不合即須改組
茲訂於八月一日星期六上午九時假建國東堂關改
選大會敬請
貴局派員指導丹者本會原名為中華全國美術會

左側文書（img_1）：

北平分會令奉總會指示改稱北平市美術會併請
准予更名為荷
謹呈
社會局

本會全體會員名單附後

北平市美術會啟

6.4　北平市美術會為召集會議變更名稱致市政府社會局呈文（北京市檔案館藏）

　　證據是確鑿的，只是這當中有著因時間差產生的先斬後奏
意味。

　　抗戰勝利後，張道藩呈國民黨中央核准，做文化接收、文化
復員的工作，第一步便是派出五名文化運動委員會特派員往各地
做接收工作；平津特派員李辰冬，南京特派員趙友培，上海特派
員虞文，武漢特派員張鐵君，廣州特派員陳逸雲。至於他的親抵
北平日期為1946年6月中旬。身銜中央文化運動委員會、中華全
國美術會理事長職務的張道藩，是代表國民政府主席蔣介石赴瀋
陽巡視後轉赴北平考察文化建設情況的，北平市文化界在稷園舉
行歡迎會，張氏致詞指示今後努力方向，隨後又在電臺播講瀋陽

長春北平觀感，稱建設國家要把握住東北，北平文化建設前途無量云云。停留一周內，張氏曾走訪耆宿名流、慰問淪陷期間忠貞人士齊如山、王桐齡、董洗凡、牟廷芳、沈兼士等，還特意前往寄萍堂訪謁齊白石，並萌發拜師之念。回到南京後，即以中央文化運動委員會、中華全國美術會的名義，邀請齊白石和皇族畫家溥心畬先生赴京滬舉辦畫展，以便擴大影響，為國際文化交流做些基礎工作。

也就是留平期間，北平分會正在進行呈請備案受到質疑時，卻得到了張道藩的首肯和支持，原因很簡單：集合美術力量，推進北方文化建設，設置地方組織，正是總會目前的發展方向，焉能不予認可？只是在形式上可以變通一下，做到於情合法。於是乎，當一通查核情形是否屬實的公函投到了南京中華全國美術會時，立即得到「查本會張理事長道藩赴平時曾予允許成立是屬確情」內容的手書復函，信的寫作時間為「卅五年九月廿二日」，左下方落有張道藩的簽字、名章及鈐有「中華全國美術會」公章。北平分會在張道藩的介入下順利完成了登記備案。

對於張道藩其人的評價，大陸與臺灣有著截然不同的態度，在相當一段時期裏，前者採取封殺和貶低的手段，以「文化政客」、「反動文人」相視，迴避其利用自己政治上的便利，組織國民黨文化藝術團體，尤其抗戰時期籌備文藝界、美術界、戲劇界抗敵協會，努力於文化抗戰；爭取政府資金救助文化人；組織了中國歷史上最大的古物遷移行動，以及戰後文物追索、文化復員和建設等人生中最無爭論的亮點，而是更多地渲染那場民國史上沸沸揚揚的婚外戀情，以所謂婚姻道德不仁不義而將其置於離

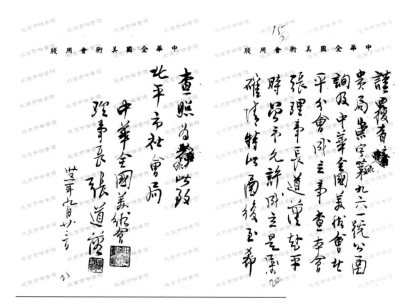

6.5　張道藩覆北平市政府社會局函（北京市檔案館藏）

經叛道、人格低下之敵對立場上，即或曾經共事的友朋，也會在
各種政治運動中的揭發材料裏極力採取批判和劃清階級路線的態
度，運用避重就輕或篡改史實的書寫材料，希求擺脫以往干係而
求自保。這種特定歷史環境下的思維方式和文字材料的存在，也
在一定程度上影響到一批從事藝術史學研究的學者，刻意迴避或
遮蔽客觀史實、歪曲歷史真相的著述時有所見，並在以訛傳訛的
惡性循環中不斷演變、戲說著，針對這一浮泛的文化現象，應當
引起從事學術研究者們的重視。而在後者，當張氏1968年6月12
日逝世後，臺灣當局頒贈褒揚令，出版《中國文藝鬥士──張道
藩先生哀思錄》、《文壇先進張道藩》（趙友培執筆）、《文藝

鬥士張道藩傳》（程榕寧）、《張道藩先生文集》（臺灣九歌出版社有限公司）和蔣碧微撰寫、整理發行《蔣碧微回憶錄‧我與道藩》、《張道藩書畫集》、《張道藩戲劇集》，以及1991年臺灣近代學人風範研討會第八次會議專題研討張道藩思想等等，可從另一角度使讀者們更多地瞭解這位備受爭議的民國人物。學術研究的深入，有待於海峽兩岸研究者們的積極溝通，成果共用。重要的還是要抱著以史實為依據的基本治學態度，客觀公正地評價歷史人物的得失。

再回過頭來講北平分會的進展情況。翌年的8月2日上午九時，該會第二屆年會在燈市口建國東堂舉行，市長何思源、主委吳鑄人、幹事李雲亭等及會員148人出席。會議由張伯駒主席，報告該會籌備經過並通過會章後，講明根據總會理事長張道藩來平時面諭「以後各地分會均改稱各地美術會，不用中央分會名義」指示，更名為北平市美術會。即開始選舉理監事，公舉張伯駒為理事長；張伯駒、李辰冬、陸鴻年、吳幻蓀、李智超為常務理事；張伯駒、李辰冬、陸鴻年、吳幻蓀、李智超、壽石工、秦仲文、趙夢朱、溥心畬、惠均、張其翼、王青芳、陳緣督、田世光、李旭英、于非厂、王靜遠、溥雪齋、晏少翔、吳鏡汀、陸和九、鄧叔存、王雪濤、黃均、齊白石等二十五人為理事；門榮華、潘素、曾一櫓、季觀之、孫誦昭、金禹民、王慕樵、李志鶴、啟元白、陶一清、陳萬里等十一人為監事[3]；曾一櫓、門榮華、潘素為常務監事，趙夢朱為祕書。

以下是保存在北京市檔案館中該會全體會員名錄，共計199人（其中「于紀夢」重複，實為198人）。據當時報導中稱會員

人數已達三百餘人，我們還是應以一手材料為準。無論如何，該會為北平市最大之美術團體，囊括了當時重要的社團如中國畫學研究會、湖社④、四友畫社、雪廬畫社等及美術院校如輔仁大學美術系、京華美術學院等教員和社會上知名畫家，成為研究近現代北京（平）美術發展史和畫家個案研究中重要的文獻資料。

張伯駒、丁雲樵、陸鴻年、李辰冬、壽鑈、晏少翔、秦仲文、李智超、溥忻、溥心畬、齊白石、王青芳、趙夢朱、田世光、王雪濤、吳幼蓀、吳鏡汀、陳緣督、王靜遠、張其翼、黃均、陸和九、季觀之、吳光宇、李旭英、馬伯逸、于非厂、唐怡、朱友麟、孫誦昭、王慕樵、宋君方、陳萬宜、曾一櫓、卜孝懷、惠均、王藍、陳雋甫、李衡伯、唐嗣堯、趙洪怡、門榮華、吳詠香、周鴻鈆、趙霖、張劍鍔、徐振鵬、鄭宗釜、張蘭齡、徐沛貞、李國璽、孫聞青、張印泉、劉光華、李鴻林、張卓人、高立芳、宋泊、劉式敏、劉實之、楊鶴汀、金禹民、溫庭寬、童旣明、孫家瑞、曹爾箴、許智芳、錢立、劉君衡、張正雍、周霜菴、劉克讓、蕭克中、張庭、趙紋、趙師惠、趙師莊、趙紛、郝文華、吳熙曾、羅星潭、白立人、俞致貞、王慧蘭、潘素、王家駿、周思棣、于紀夢、李戲魚、雷健儂、王化厂、宋漢升、霍右村、佟俏雲、李瑨、王仁山、陳臨齊、楊妙湖、常斌鄉、殷惠君、李達之、張萬理、張子成、徐燕孫、朱紹谷、王世襄、郭麟閣、魏資重、陳半丁、史怡公、王心竟、李鳴遠、張

慶樓、**于紀夢**、董義方、曹承沛、謝談賓、鍾鴻毅、白秀生、王西成、陳岐、劉葆筠、沈泰、周時青、王肅遠、李志鶴、馬福祥、李樹人、曹昭穌、佟若蘭、徐宣明、程枕霞、盛伯洲、邵曉琴、王忠一、李一萍、楊士林、白雲生、吳蘭第、劉仁燕、唐鴻、續永康、梁樹年、朱子純、陶一清、高儀、劉恩涵、張元珍、楊淑貞、俞致賡、劉瑞清、梅相鸞、安雲卿、王仲華、王淑華、詹樹義、李桂生、王如珍、寧麗南、蔣北海、王慎生、溥松窗、郭效儒、鄧銳倉、黃華、楊秀貞、張尚文、么其琴、佟育智、黃儂忠、丁紹毓、樊爾華、李白珩、黃瀟、黃瑞龍、周汝謙、馬起甌、劉枕清、邱大阜、陳廣林、劉芳宣、靳克琴、吳瑞琳、孫念坤、楊文富、甄秉恕、許秀清、郭爾純、王棣華、周錦惠、尹達信、傅俊英、高朝德、張樹德、聶朵、王崙、吳志良、王羽儀、鄭〔鄧〕以蟄

　　新任理事長張伯駒（1898-1982），字家騏，號叢碧，別號游春主人等，河南項城人，著名收藏鑒賞家、書畫家、詩詞學家、京劇藝術研究家。抗戰勝利後，曾任國民黨第11戰區司令長官部參議、河北省政府顧問、華北文法學院國文系教授、故宮博物院專門委員、北平市美術會理事長等職。中華人民共和國成立後，任國家文物局鑒定委員會委員，吉林省博物館副研究員、副館長，中央文史館館員等職。曾在歷次政治運動中受到迫害和誣陷，很長一段時間他的名字被遮蔽，近年來，有關這位傳奇人物的那些流年碎影的往事被逐漸開掘出來：一生醉心於古代文物，致力於收藏字畫名跡，見諸其著作《叢碧書畫錄》者便有118件

之多，其中晉陸機《平復帖》是中國傳世書法作品中年代最早的一件名人手跡，隋展子虔《遊春圖卷》則是傳世最早的卷軸畫，也是最早的獨立山水畫，合為雙璧。此外還有唐杜牧《張好好詩卷》，宋黃庭堅《諸上座帖》、趙佶《雪江歸棹圖卷》，元錢選《山居圖卷》等等，都是在藝術史上佔有獨特地位的重要文物。「予生逢離亂，恨少讀書，三十以後嗜書畫成癖，見名跡巨制雖節用舉債猶事收蓄，人或有訾笑焉，不悔。」張伯駒在《叢碧書畫錄序》中自述，而不悔者尚有將畢生收藏無償捐獻給國家，他的博雅通脫，坦蕩超逸，令人敬佩無已。

「國畫論爭」期間，張伯駒曾在1947年10月22日《華北日報》（第五版）發表《我對於文化藝術創造之意見》一文，以應對徐悲鴻言論。這種論爭對手的意見，鮮見於日後的研究文章中，茲為還原歷史真相，明瞭彼此之對藝術見解起見，不妨抄錄如下：

我對於文化藝術創造之意見
張伯駒

　　凡一個民族建國，文化藝術為其精神之表現，吾中華民族文化藝術之表現，為雍容和平，有一種不可思議之豐度精神，自五胡金元清侵略中國，不能動搖吾民族國本而反同化之，可見吾民族文化精神之偉大，吾國文化藝術每隨時代遞嬗創造，而其一貫之精神，則連繫不斷，例如文章自古文而駢體文，即白話文；詩歌自樂府而近體詩，而詞，而曲，而

昆曲；繪畫自圖案畫而宗教畫，而人物，而山水，而花卉，無一個時代不在創造，而其章法、神韻、聲調、色彩，凡屬藝術上之美點，無一個時代因創造而喪失，但創造非人人可能言，必須多聞，多見，多學，工夫能力經驗俱備，始可言創造，否則其創造之結果，必至非驢非馬。古人云：作畫必須讀萬卷書，行萬里路。尤其是先讀萬卷書，後行萬里路，所謂先學後行而後創造也。摹仿為創造之本，創造為摹仿之果，吾人為達到彼岸，不能不借古人法則以為橋樑，若謂學為泥古，生而可創造，則書不必讀，教師亦不必要。吾最近感於藝專校長徐悲鴻氏發言，謂該校一年級學生之畫即比董其昌王石谷為好之一語，最易啟學生對藝術輕易之心。試問一年級學生，是否曾讀萬卷書，行萬里路，而其作品能較董王為優？吾人認為係徐氏一時激忿，錯亂之言，希望學生不可認為正當，而搖動刻苦用功之意志，且古人之作，亦各有長短，如惲南田初畫山水，見王石谷之山水，自歎弗如，改畫花卉。古人謙抑之懷，吾人深所敬佩，學者宜虛己以從師，尤其是負教育責任者，更應集思廣益，勿掩人之長，勿護己之短，總以造成人才為原則，假使王石谷為藝專校長，而不用惲南田之花卉，惲南田為校長，而不用王石谷之山水，蓋為自私之偏見，超越教育原則。又徐氏云「重古人靈魂則可，不應重古人殘骸」，試問古人已死，向何處覓其靈魂？然則古人之靈魂，即寄託其所留殘骸之上，吾人不禁更多感慨，自庚子拳亂之後，我們祖宗殘骸，源源出國，從倫敦到加拿大的托倫托，從瑞典史篤克火爾姆到美國波士頓，

從柏林到荷蘭萊登，許多的遠東博物院，或某個博物院遠東部，都很快成立，日本人更是很早從我們得到了不少唐宋元明的名畫。日本投降後，偽滿溥儀攜出故宮書畫一千一百餘件，全部散失於東北，假使在去年五月，教育部撥給故宮博物院十億法幣，可以大部還珠，惜教部忽略其職責之工作，致令古董商人，紛紛收購，去滬出售，偷運出口，換回外匯。所以我們不重古人殘骸，有重我們古人殘骸者在，將來我們為研究歷史美術，必須到歐美看我們古人殘骸，是否為可悲可慘之事？所以古人殘骸，是不是應當注重保護問題；文化藝術之創造，是不是應先循古人法則，以為橋樑，並保存一貫之精神問題，均需要多征學者集合討論。建議教育部，規定文化藝術發展之方針與途徑，則學術之爭自熄，而政治之爭，亦可連帶減少。至吾人與徐氏個人之爭執，乃係支援弱小會員及尊重古人，為一時感情衝動，仍希望徐氏善自謙抑，勿意氣用事為幸。

筆者曾試圖查閱有關中華全國美術會北平分會、北平市美術會舉辦活動的報導，結果不能盡如人意，一則從總體而言，抗戰勝利後國民政府忙於對後方及淪陷區接收，媒體對政治、軍事、經濟、教育報導為主導，對文化內容的報導顯得較為滯後和簡略，更何況對美術活動報導即使有之，也是附夾在「社會新聞」或「教育」欄目內，零散而簡短；二則從「接收」與被接收的位置高低、新藝術與舊傳統在意識形態領域內產生碰撞衝突時，宣傳媒體的介入和導向隨著即時環境和社會發展進程而轉移，鑒於

6.6　1970年代張伯駒在北京後海南沿宅前留影

主持這些藝術專欄的編者，多是來自國統區，有著絕對話語權的優勢，媒體的主流導向也就顯而易見了。這是歷史發展、社會進步的必然現象。三則從現有圖書、檔案館收藏整理和對外提供閱讀文獻的整體現狀來看，有著條件上的種種限制，在保存與利用的科學管理上尚未盡如人意。所以，有關該會的報導，也只能偶爾從《平明日報》、《經世日報》這類不著名望的小型報紙中透露出一二：

　　1947年3月25日，美術節。北平市美術會在中山公園董事會舉行古代書畫展覽一日。收藏家張伯駒、徐悲鴻、鄧以蟄、李智超等多人均有精祕藏本參加。

　　1947年6月1-5日，北平市美術會第三次美展假中山公園音樂廳舉行，展覽作品如國畫、水彩畫、油畫、圖案畫、商業廣告畫、陶瓷、治印、木刻、塑像、蠟染、攝影等十餘項，計三百餘件，琳琅滿目，美不勝收。國畫中有溥心畬之牡丹山水，李智超山水，白石老人近作花卉，張其翼之花鳥，王青芳畫魚、鍾質夫白熊，黃均之《太液之

春》；刻磁中有溫博泉大小印尼盒，及溥心畬、于非厂、張善子刻磁插瓶等。

1948年6月15-22日，中國畫學研究會在中山公園董事會舉行第二十六次展覽，周肇祥主持，于非厂、汪慎生、徐石雪等有精品展出，張大千亦有作品參展。

據媒體報導，這是即6月1日起在中山公園中山堂由北平藝專、北平美術作家協會和中國美術學院等三團體聯合美展之後，「和這三個團體在藝術見解上相對立的中國畫學研究會」的大型展覽，意在兩方面都要「拿出貨色」來較量。這倒是印證了當「國畫論爭」伊始，北平市美術會理事長張伯駒及會員藝專兼任教授李智超、秦仲文、陳緣督等，假中山公園董事會聯合招待記者，對藝專校長徐悲鴻新國畫之建立步驟有所駁斥時，張伯駒稱：「徐氏與李智超等三人發生誤會時，擬進行調停，為徐氏拒絕，至為遺憾。過去北平已有美術會，而徐自己另成立美術協會，如此分野，徐應負責，至徐標榜寫實，其所畫者實如照相機，更無修養。張氏最後稱：收集董其昌、王石之畫與徐較量，選擇美術會同人一人與徐當場作畫較量，即知優劣如何」的一段史實[5]，中國畫學研究會實為北平市美術會之中堅，於此可知。

引發北平市美術會強烈不滿、認為分野抗衡的另立之「美術協會」，它的組建動機、成立始末、人員構成和重要活動究竟如何？容另文再敘。

壬辰白露日於京城殘墨齋

【注釋】

① 發表於《博覽群書》2009年11期。

② 就筆者所見：

王扆昌編《中華民國三十六年中國美術年鑑》（上海文化運動委員會出版，1948年）中未錄北平市美術會、北平美術作家協會條目。

許志浩著《中國美術社團漫錄》（上海書畫出版社出版，1994年）僅有「北平美術作家協會」簡要介紹：綜合 一九四六年十月成立於北京，由北京部分進步美術家共同發起組織。徐悲鴻任名譽會長，吳作人任理事長。該會成立目的是為了與張道藩控制的「北平美術會」相抗衡。成立之際曾舉辦大型「濟貧義賣展覽會」。

李福順主編《北京美術史》（首都師範大學出版社出版，2008年），在《新舊國畫論戰》一節中對「北平市美術會」有所涉及，但人物及團體名稱、史實上多有失誤處，如徐悲鴻重返北平「新任的北平藝術專科學校校長及中華美術協會的主席。……解聘了堅持傳統的國畫教師蒲松齋、蒲松窗、吳鏡汀、秦仲文、胡佩衡、壽石工等。……1947年10月初，北平藝術專科學校國畫組的壽石工、秦仲文、李智超三位教授罷教。……10月3日，北平美術協會支援罷教教授，並散發反對徐悲鴻摧殘國畫的傳單。三教授罷教事件得到了北平市美術協會的支持，……譴責徐悲鴻另組『北平美術工作協會』……」（見該書P.1109-1111）；而「北平美術作家協會」介紹則全文照錄許著。

北京畫院編《20世紀北京繪畫史》（人民美術出版社出版，2007年）中辟有李樹聲先生執筆《三位教授罷教事件與中國畫發展的論爭》、《北平美術作家協會》專文介紹，但對兩會成立宗旨、成立時間及會員情況、活動內容等未加展開。

③ 據北京檔案館《中華全國美術會北平分會和北平藝術館請求備案更改名稱的呈文及社會局的批、公函（附會章、簡章）》，檔案編號J002-002-00197整理。查1947年8月15日《華北日報》（第四版）〈市美術會通電擁護動員令〉報導中所附該會理監事名單與此有所出入。

④ 呂鵬著《湖社研究》（文化藝術出版社，2010年）所附表一《中國畫學研究會大事年表》中對該會舉行成績展覽略有空缺，據筆者所知，還有1942年8月16-23日第十九次、1943年7月4-11日第二十次及1948年6月15-22日第二十六次，均在中央公園（稷園）舉辦。第十七、第二十一至二十四次時間待考。

又表二《湖社畫會大事年表》1946年條中記載因金潛庵病逝，「無人繼續主持工作，一些老會員轉入其他城市。」據1948年3月26日北平《經世日報》報導25日慶祝美術節活動：「教育局及社會局在中央公園來今雨軒招待各美術團體舉行聯合慶祝會，出席的團體有中國畫學研究會、湖社畫會、輔大美術系、木刻協會、攝影協會、京華美術學院、女子西洋畫學校、四友畫社、雪廬畫社。李辰冬司儀，張伯駒主席，教育局代表郭瑞恩、京華美術學院院長邱石冥等發言」內容來看，湖社活動還是繼續著。

⑤ 參見1947年10月19日北平《經世日報》。

關於北平美術作家協會的成立及活動
——1947年「國畫論爭」兩團體組建考略之二

　　關於「北平美術作家協會」的介紹，雖然因那場著名的「國畫論戰」為中國現代美術史所傳載，但若細加探究，則又主要側重於對事件過程的敘述和對徐悲鴻藝術思想的分析，而對該團體成立目的、團體名稱、成立時間、組織機構、會員人數及主要活動諸項，反倒顯得含糊不清，以致眾說紛紜。舉個例子說，即以徐悲鴻在該會中的身份，就有「協會主席」、「名譽主席」、「會長」、「名譽會長」、「榮譽會長」等等不同的名目，來自當事人的記憶、研究著述及當時報刊消息等不同管道，這樣的敘述經過數十年的繁衍轉述，更顯得撲朔迷離，為後來者清晰地瞭解當時的史實真相設置了障礙，不利於深入、客觀地研究和解讀這段歷史。有鑑於此，筆者就查閱到的相關史料進行辨析和梳理，更參照新的研究成果加以重新認識，這種始於質疑止於解惑的探討過程，誠屬一己所得，難能大同，拋磚引玉，聊供讀者參考，謬誤之處，幸賴方家指教。

該會成立目的是為了
與張道藩控制的「北平美術會」相抗衡嗎？

凡一社團之成立，必有其宗旨及發展方向、活動內容，以自身之努力，擴大社會影響，實現自身價值。就「北平美術作家協會」的成立目的及宗旨，是否如某些工具書、美術史論著或研究文章中所言「為了與張道藩控制的『北平美術會』相抗衡」？[1]

先來對該會之「美術作家」一詞略為解釋，並非專指美術家和文學家的合稱，在此處更側重「美術創作者」的意思，即與如今的「美術家」的釋義大略相當，這在民國時期報刊文章時常見到的，用現今的流行語來說，就是當時的文化語境中的用詞。

該會理事長吳作人曾撰文回憶該會的成立經過：

> 1946年初，我從重慶回到上海，首先去看先到上海的張光宇和小丁，他們在《清明》編輯室裏籌畫組織「上海美術作家協會」，主要是團結在上海淪陷時期沒有「下水」的進步畫家。趁剛復員的國民黨反動派所策劃的「上海美術會」宣佈成立之前，我們必須舉行一個聯合美展，把炮打在反動派的前頭，轟動上海社會。……當我們剛到北平時，就瞭解到反動派正在策劃一個「北平美術會」，於是我們按照在上海的經驗即時成立了「北平美術作家協會」，也和上海一樣，是同反動派針鋒相對的。我們的計畫向徐悲鴻先生談了，他立刻同意，並答應任名譽會長。[2]

這「針鋒相對」或許就是「抗衡」說的濫觴。但我們不要忽略的是：這是特殊歷史環境中作者晚年的回憶，帶有明顯的時代特徵和相關細節的缺失，如「當我們剛到北平時，就瞭解到反動派正在策劃一個『北平美術會』，於是我們按照在上海的經驗即時成立了『北平美術作家協會』，也和上海一樣，是同反動派針鋒相對的」一段，就值得細加辨析：

　　中華全國美術會北平分會成立於1946年3月25日美術節，比徐悲鴻夫婦、吳作人、李宗津等一行7月31日晚抵達北平來計算，要提前128天，並非「正在策劃」之中，更談不上「按照上海的經驗即時成立了『北平美術作家協會』」來與反對派針鋒相對。倒是由於吳先生等人因為參與了「上海美術作家協會」這樣一個地方性的新興美術團體後，感到組織的設立更適於藝術創作及活動的開展，將其移植到北平，在美術教育領域中繼續發揮其功能，施展同仁們的藝術抱負更能說明其緣由。因為「當時只有上海和北平存在美術作家協會，目的主要是與南京的中華全國美術會和各地美術會並立。儘管北平美術作家協會成員早已被張道藩拉入中華全國美術會成為留平會員，但是仍然願意建立自己的組織，以美術作家協會的名義自立門戶以示區別。」[3]現代美術史家李樹聲教授如是說。行文中使用了「並立」、「自立」而非「對立」，其中細微的含義和區別顯而易見，這樣的分析是頗為嚴謹和客觀公允的。

7.1 徐悲鴻（1895-1953）

當抗戰勝利後，徐悲鴻應教育部聘北上故都時，邀請了一批與之常年相隨、志趣相投的美術家共舉復興中國美術之大業，名為接收，實則創新。7月31日晚甫抵北平，即以電話通知臨大補習班主任陳雪屏，翌日，即8月1日晨九時便赴臨大第八分班與班主任鄧以蟄辦理接交事宜，2日正式到校視事。在以後的日子裏，籌畫建制、增設系組、甄審師生、延聘教員、擴充校舍等等，忙得不可開交，直到10月22日正式開學。其間，由該校教員為主體組織之「北平美術作家協會」社團也孕育而生，其成立緣由和目的，在徐悲鴻接受報社記者採訪中所談可知一二：

　　北平美術界在過去數年間，殊為消沉，而不振興，尤其一般人士，對於藝術頗不重視，藝術本有極大價值，可以提高人生陶冶至善，遂有提倡振興之必要。且各藝術作家，亦應互相聯繫，藉以促進美術發展運動，進而更應促使中西藝術思潮互相交流融貫，不致陷於中西隔閡不同，

各立門戶。今後藝術界應使中西藝術陶融一氣，促使其共向大同之途邁進，以期達到大同光明之目的。④

提倡振興藝術，消除門戶隔閡，使中西藝術思潮互相交流融貫，以期達到大同光明之目的，這才是徐悲鴻等人對北平美術界總體狀況進行考察後確立組建協會的動機和目的。絕非立足未穩，多方樹敵之初衷。廖靜文女士曾回憶：「悲鴻初到北平時，北平市美術會曾召開熱烈的歡迎會。這個由國民黨中央文化運動委員會領導的北平市美術會仍在幻想拉攏悲鴻，向他遞送秋波，⋯⋯但是，悲鴻毅然加入了當時在北平的一些進步美術家組織的北平美術工作者協會，悲鴻並擔任了該會的名譽主席。」⑤忽略文中不盡準確的名稱來品味這段話，說明徐悲鴻的到來，讓戰後復員、百藝待興的故都北平美術界還是做出了歡迎姿態，儘管藝術見解上從來就有著分歧；從徐悲鴻一方來說，與至交益友如齊白石、溥心畬、壽石工、鄧以蟄、王青芳、蔣兆和等人的重逢，非但不以他們是另一團體之人為忤，甚或還將其中的幾位納入本組織中來，以為榮譽。這種授之以禮，還之以情的做法，在這位藝術大師的身上能有體現的，譬如延聘秦仲文、李智超、陳緣督三教授為國立藝專講授國畫課程，並撰寫〈國立北平藝專美展評議〉一文稱「秦仲文先生此次出品中松瀑合幅極具氣勢，筆法老練，雪竹一幅尤見精能，皆是佳構；陸鴻年先生月林清影，俊逸天成；陳緣督先生人物，工力老到；李智超先生山水四幅，奄有石濤潮江之奇；王青芳先生之游鱗可與亞塵抗席⋯⋯」⑥諸語，足可令人體會到當時徐氏為本校擁有創作藝術水準高超教員

而歡喜自豪的心境,更能看徐悲鴻辦校初期舉賢薦能、相容並蓄、團結異己、共襄盛舉的氣度。以期聯合努力於美術運動,振興故都對於美術之新的作風,應當是徐悲鴻、吳作人等人組建該協會的最初目的,由於三教授罷教事件的突發,北平市美術會以團體名義介入,引發國畫論爭,招致兩團體間的由並立而對立,應當是一條基本線索。所謂「抗衡」之說,本末倒置,值得研究者們重加思考和探究。

該會成立時間及經過

北平美術作家協會,經多次籌備會議後,最終於1946年10月16日召開成立會,地點為朝陽門大街勵志社北平分社交誼室,到有二十餘人。大會於午後五時開始,由吳作人主席,對成立協會之意義略加說明後,即研討協會會章,並確定協會宗旨為聯絡美

7.2 1946年6月10日徐悲鴻致吳作人函

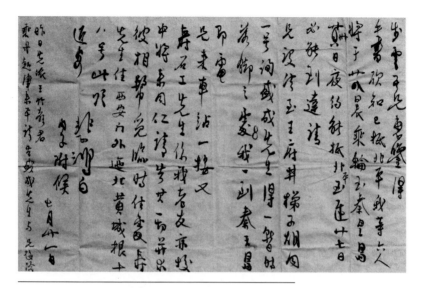

7.3　1946年7月21日徐悲鴻致宋步雲函（選自《天高雲淡：
　　　宋步雲誕辰100周年紀念文集》）

術界感情，促進美術創作，研究美術理論，溝通中西美術思潮，
推進北平美術運動，致力美術教育建國工作。協會任務：1、美術
工作之促進；2、美術運動之推進；3、每年作春秋兩次展覽，日
期為四月十五日及十月十日；4、會刊及報紙單頁之出版；5、美
術界之聯絡與輔助，會員入會除由二人以上會員介紹外，並須繳
納作品及入會費及常年會費各一萬元（名譽會員不在此例）。暨
討論臨時動議兩項：1、舉徐悲鴻為榮譽會長；2、聘請朱光潛、
鄧以蟄、溥心畲、齊白石等為名譽會員。旋即票選理監事，計當
選理事劉鐵華、孫宗慰、李宗津、宋步雲、程寶棻、王臨乙、吳
作人等七人，候補理事李樺、黃養輝、艾中信等三人。當選監事

關於北平美術作家協會的成立及活動

龐薰琴、王靜遠、楊化光、李苦禪、李瑞年五人，候補監事李可染、董希文二人。考慮到即日展開工作，理監事會隨即選出吳作人為理事長，龐薰琴為監事長。大會於七時三十分散會。⑦

協會會址暫設在北平內一區靠近東單牌樓東側的洋溢胡同14號藝專宿舍，也就是吳作人、李宗津居住處。如今該址已擴充為東長安街的一部分而不復存在。

從其成立會之規格和出席人員主要為協會成員這一現狀來看，也可以推斷出該會僅僅是個同仁團體而已。從其呈報北平市社會局鑒核備案的呈文中也是可以看得出來的。

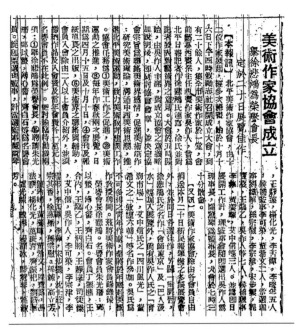

7.4　1946年10月17日北平報紙刊登北平美術作家協會成立消息

由名譽會長徐悲鴻簽字、理事長吳作人簽名鈐印的這份呈文內，除附有辦會宗旨、組織大綱及理事名單外，還附有《北平美術作家協會會員一覽表》⑧，名單如下：

徐悲鴻、溥心畬、齊白石、丁雲樵、王合內、王臨乙、王炳照、王靜遠、司徒傑、艾中信、吳作人、李可染、李宗津、李瑞年、李苦禪、李　彝、宋步雲、沈士莊、宗其香、徐燕孫、孫宗慰、孫　竦、高之芳、陳玲娟、黃養輝、董希文、馮法祀、萬庚育、齊振杞、劉鐵華、盧光照、戴　澤、邊濯水、龐薰琴、肖淑芳、程寶薬、楊化光

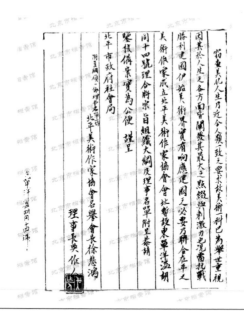

7.5　北平美術作家協會請求備案的呈文（北京市檔案館藏）

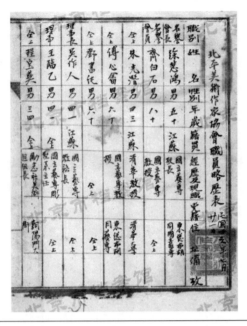

7.6　北平美術作家協會職員略歷表（北京市檔案館藏）

　　在通訊處一欄中，除去程寶蓁為勵志社外，其餘均作北平國立藝專，可以說明其主要成員來自藝專教員或兼任。名譽會員中，除中華全國美術會北平分會理事長鄧以蟄、清華大學教授朱光潛二位不在此內，丁雲樵、溥心畬、齊白石、王靜遠、徐燕孫同時也是北平分會的副理事長、理事和會員。而鄧以蟄在翌年改選後的北平市美術會中不再擔任理事長、「國畫論戰」時溥心畬的作「壁上觀」，恐怕也都與此有所關聯。

　　該呈文的落款時間為中華民國三十五年十月二十二日，即1946年10月22日，據協會成立時間六天之後，經報轉北平市政府社會

局、民運會、北平市臨時參議會等機構審核時，同樣在「調查人附意見」欄中注有：「該會經調查多係北平藝專員生，純以研究藝術及聯絡情感，無其他背景糾紛，唯在未經核准之先召開成立會似有不合」字樣。直到1947年3月間，方才得到民運會第十九次會議通過准許該會須按「章程組織依法修正重新定期成立選舉」的通知，在3月26日北平市社會局的復函中還具體規定：「茲派指導會王立勳指導（該員服務本局技正室）仰即遵照接洽並於四月七日上午舉行第一次籌備會議，修正章程選舉會員名冊在文到兩個月內定期成立選舉，並於事前七日呈報，以便派員監選為要。」

由於理事長吳作人前往英國訪問講學，經理事會開會決定，由徐悲鴻代理理事長之責，開展會務。因忙於教學和籌備四月間的展覽會，重新見諸新聞報導「美術作家協會昨開成立大會」的日期為1947年7月25日。當天的《華北日報》刊登了通訊：

　　北平美術作家協會，二十四日在洋溢胡同十四號舉行成立大會，到會員四十餘人，社會局派王專員參加指導。由徐悲鴻主席，結果選出理事吳作人、王臨乙、劉鐵華、孫宗慰、宋步雲、程寶蕖、李宗津、艾中信，監事李苦禪、楊化光、李瑞年、葉正昌、王靜遠等。徐悲鴻為名譽會長，齊白石、溥心畬、鄧書純、朱光潛為名譽會員，並準備今秋在平舉行擴大展覽會。

與初次成立會時的選舉名單相對照：名譽理事長、理事未變；理事中增加了艾中信；監事中由國立藝專主任祕書葉正昌代

替了龐薰琹。

實際上，從現存檔案中可以瞭解到，舉行選舉會的時間應在7月23日晚八時半至十二時許，出席會員二十一人。九時開會，由徐悲鴻主席，報告籌備經過，後即開始選舉，結果宋步雲等九人當選為理事，楊化光等五人當選為監事，並推徐悲鴻為名譽會長。按照選票統計結果來看，理事：宋步雲（20）、吳作人（18）、程寶菜（18）、王臨乙（17）、劉鐵華（16）、李宗津（13）、孫宗慰（10）、艾中信（9）、李驊（6）；監事：楊化光（14）、王靜遠（14）、李苦禪（13）、李瑞年（10）、龐薰琹（9）。從《北平美術作家協會職員略曆表》中仍可看到理事長為吳作人。會員名單人數為42人，包括了前者名單中未出現的鄧書純（即鄧以蟄）、朱光潛及新增葉正昌（重複）、李家珍二人，實際人數為41人。

該會章程宗旨明確為：本會以聯繫美術界感情，促進美術工作，研究美術理論，溝通中西美術思潮，推行北平美術運動，致力美術教育建國工作為宗旨。

1948年3月25日美術節，下午四時，在洋溢胡同十四號召開北平美術作家協會會員大會，舉行第二屆理監事改選。簽到會員三十七人，由吳作人主席，報告該會推進會務經過並通過會章後即開始選舉，結果公推徐悲鴻蟬聯名譽會長，吳作人、劉鐵華、李瑞年、葉淺予、王臨乙、葉正昌、董希文等七人當選為理事，李樺、宋步雲、黃養輝當選為候補理事；李苦禪、李可染、楊化光等三人當選為監事，馮法祀當選為候補監事。會上還涉及了會址問題：北平市政府中華觀光社已答應借用一部分房子，不久即

可遷入煤渣胡同四號。

　　有報導稱此次會議有慶祝的性質，恐怕不止於美術節的慶祝活動吧？徐悲鴻在會場上的致詞，就表明了心態：

　　　　藝專遷校已告一段落，今後我們有了「地盤」，藝術發展有了很好的基地，不再是「英雄無用武之地」了。今後我們應該把成績給大眾看，所以規定五月一日至十日在中山紀念堂舉辦的三團體聯合展，意義非常重大。我們到北方來推行藝術運動，就是要把我們的理想和簡介拿給大家看，要說與敵人作戰，這些作品就是對種種理論的答覆！國畫應該進取，否則便要死亡！對歐洲藝術的研究，應著重在技術方面，以期達到最高水準。近三十年來的歐洲藝術，在畫商的操縱之下，已陷於混亂狀態，我們仍應立腳於現實主義，把握高度的技巧。我們去年下半年有了敵人，不是我們找他們，而是他們要跟我們做對，我們應該用行動來表示主張，所以此次展覽希望大家踴躍出品！⑨

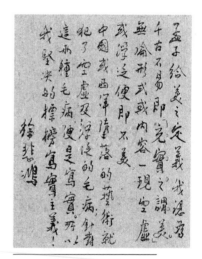

7.7　徐悲鴻1948年題詞手跡

徐悲鴻所指新「地盤」，即國立藝專自去年改為五年制後，校方即感到位於東總布胡同十號校址狹窄，教室宿舍均不敷應用，而西京畿道校舍抗戰後又被空軍借用，校長徐悲鴻屢次在外奔走尋找新校址，經行轅主任李宗仁（德鄰）幫助，允予撥用東單帥府園淪陷期間日本國民小學舊址為校址，該房舍有百三十餘間，甚為寬敞。藝專成立了由徐校長擔任主委的遷校籌備委員會，積極籌備遷校事宜。原本定於暑假後遷移，因該地駐軍已騰讓一部分，所以提前於3月15日在帥府園新址舉行開學典禮，由徐校長親自主持，並即席訓話。不料好事多磨，以後又為校址糾紛，頻發事端，延至1995年中央美術學院遷往朝陽區大山子中轉地辦學六年後，在花家地新校址安營紮寨。如今，當初的舊址已蕩然無存，但見高樓聳立，天橋飛架，換了新天地，令人不勝感慨萬端。這已是後話了，暫且不表也罷。

　　至於會址將遷入煤渣胡同四號一節，則亦與新校舍糾紛有關，因帥府園一號營房佔據不騰讓，由行轅出面接收東總布胡同十號校址及洋溢胡同藝專職員宿舍後轉交第五補給區司令部使用。

　　此次理監事人選調整較為明顯，首先不見了名譽理事的提法，這自然是那場「論戰」帶來的直接後果。理事中除保留吳作人、劉鐵華、王臨乙三人外，將李瑞年、葉正昌從監事調為理事，另外新增了葉淺予、董希文二人及候補理事李樺、宋步雲（從上屆票選最高下降為候補）、黃養輝。監事中保留了李苦禪、楊化光，增加了李可染及候補監事馮法祀。此前不久舉行的理監事會議上，已經正式通過准予葉淺予、李樺入會，而隨即分別當選為理事和候補理事。吳作人先生曾談到：「到接近解放，

『北平美術作家協會』的內部成員後來也有所分化，我們就在1948年12月7日另外組織了『一二・七藝術學會』（這是部分進步成員，包括美術以外的音樂、舞蹈等），在徐悲鴻的直接領導下準備迎接解放。而且直到解放，還以這個學會的名義在《進步日報》繼續辦了一年副刊《進步藝術》。」[10]上述改選結果，可為吳先生的回憶作一註腳，而北平美術作家協會的結束時間，大致也就有了說明。

該會主要活動大事記

1946年10月7日　感於北平淪陷甚久，藝術教育慘遭敵偽之摧殘，迄今尚無一完善之組織，徐悲鴻、吳作人、宋步雲、王臨乙等十二人特發起組織北平美術作家協會，召開發起人會議，討論各項章則起草等事宜。

1946年10月11日　假勵志社北平分社舉行籌備會，出席徐悲鴻等二十餘人，商討該會進行事宜，確定召開正式成立大會時間。

1946年10月16日　北平美術作家協會假朝陽門大街勵志社交誼室，召開成立大會。出席會員二十餘人。確定協會宗旨為：「聯絡美術界感情，促進美術創作，研究美術理論，溝通中西美術思潮，推進北平美術運動，致力美術教育建國工作。」推舉徐悲鴻為名譽會長，吳作人為理事長，鄧以蟄、齊白石、朱光潛、溥心畬為名譽會員，選舉理監事。會員人數39名（含榮譽會員）。

同時舉辦大型「冬賑濟貧義賣展覽會」，徐悲鴻《會師東京》、《巴人汲水》，吳作人《青海市場》，艾中信《四川風

光》，董希文《敦煌六朝》等名作參加展覽。

1946年10月18日　北平美術作家協會召開第一次理監事聯席會議。

1946年10月30日　北平美術作家協會假洋溢胡同十四號會址舉行茶會，歡迎英國文化專員羅士培教授及夫人，徐悲鴻、吳作人等三十餘人出席。羅夫人曾簡短致詞，概述英國戰時藝術家之生活，茶會採取自由交談方式，情緒熱烈融洽。

1946年11月　北平美術作家協會，為便利會員觀摩研究起見，特在會址設立畫室，工作時間為每日下午及晚間。

1946年12月21日　北平美術作家協會假會所舉行座談聯誼會。到有徐悲鴻、齊白石、吳作人、王臨乙、王靜遠、高立芳、馮法祀、齊人、劉鐵華、李宗津等三十餘人。會中討論各項藝術運動及工作推動問題，對中國藝術前途發展多有立論。畫家多主張將洋溢胡同改名為「養藝胡同」。

1947年2月初　北平美術作家協會舉行歡送理事長吳作人去英國講學考察會，並同時召開理監事會。到徐悲鴻、吳作人、王臨乙、劉鐵華等三十餘人。推選名譽董事會長徐悲鴻代理理事長，決定四月間舉行展覽，並每月開座談會一次，每週畫室仍照常開放。

1947年5月21日　北平美術作家協會假世界科學社召集理監事大會，到四十餘人，決議於五月三十一日在中山公園中山堂舉辦美術界年展，並由本年美展中選擇優美出品，應徵為教育部本年美術獎金舉薦保存件。

1947年5月22日　北平美術作家協會在會所舉行歡迎行政院祕書兼畫家汪日章及方由美返國畫家李瑞芳女士茶會，到徐悲

鴻、葉正昌、王臨乙等四十餘人，由徐悲鴻介紹汪李二先生蒞平情形，並請汪日章講全國美展近況，及中學美術課程向教部要求結果。李瑞芳報告美國畫風之普遍，人民對於藝術生活之享受。

1947年7月23日　因協會成立過程原因，經北平市社會局、民運會等機構議決需「章程組織依法修正重新定期成立選舉」，於是日重新進行選舉監理事。

1947年10月2日　國立藝專繪畫系國畫組教授秦仲文、李智超、陳緣督等就國畫教學方針問題宣佈罷教，並控諸於北平市美術會及諸老前輩，引發「國畫論戰」。

1947年10月15日　徐悲鴻在記者招待會上發表《新國畫建立之初步》談話，再次提出嚴格的素描訓練是學習國畫的基礎。

1947年10月18日　北平美術會理事長張伯駒及會員藝專兼任教授李智超、秦仲文、陳緣督等，假中山公園董事會聯合招待記者，對藝專校長徐悲鴻新國畫之建立步驟，有所駁斥，張伯駒指責徐悲鴻另組北平美術作家協會，是與北平市美術會分野。

1947年11月18日　北平美術作家協會理事劉鐵華以私人資格出面調解徐張爭論。

1947年11月30日　國立北平藝術專科學校、中國美術學院及北平美術作家協會等三團體聯合舉行茶會，歡迎漫畫家葉淺予、木刻家李樺兩先生蒞平，到平市藝術界徐悲鴻、唐嗣堯、陳紀瀅、韓壽萱及美新聞處長范登堡等五十餘人。首由徐悲鴻致辭介紹葉李二氏在中國藝術界之成就，繼由葉淺予教授敘述一年來遊美之感想，後由李樺敘述抗戰期中從事藝術創作的經過。

1948年1月10日　國立北平藝專、中國美術學院及北平美術

作家協會在國立藝專德鄰堂召開歡迎吳作人由英返國茶話會，來賓到有藝術界人士六十餘人，由徐悲鴻主席，首先簡單介紹吳作人赴英日期和意義，隨後吳作人報告旅英見聞。

1948年3月18日　北平美術作家協會假該會址舉行理監事會議，到有吳作人、孫宗慰、王臨乙、劉鐵華等二十餘人，通過准予葉淺予、李樺入會。另商討籌備美展、改選本會理監事等事宜。

1948年3月25日　北平美術作家協會召開會員大會，舉行第二屆理監事改選。公推徐悲鴻蟬聯名譽會長，吳作人、劉鐵華、李瑞年、葉淺予、王臨乙、葉正昌、董希文等七人當選為理事，李樺、宋步雲、黃養輝當選為候補理事；李苦禪、李可染、楊化光等三人當選為監事，馮法祀當選為候補監事。至此，已發展會員43名。

1948年3月　北平美術作家協會的成員舉辦聚會，祝賀吳作人旅歐畫展成功。

1948年5月1-10日　國立北平藝專、中國美術學院及北平美術作家協會在北平中山公園中山堂聯合舉行美術作品展覽。

1948年6月12日　國立北平藝專、中國美術學院、美術作家協會三團體假藝專德鄰堂舉行茶會，歡迎著名研究法國文學專家、前任駐教廷公使謝壽康夫婦。同時舉辦小型展覽，展出明清兩代書法、現代繪畫等。

1948年7月8日　國立北平藝專、中國美術學院及美術作家協會三團體假藝專大禮堂舉行音樂會歡迎李宗仁副總統夫婦，被邀作陪者有李書華等二百餘人。

1948年8月1日　北平美術作家協會與北平市政府中華觀光社

合辦畫室正式成立，招收研究生三十名，對於繪畫有志學習者，經由美術作家協會會員一人之介紹，即可自即日起開始報名，早班專為素描練習，晚為速寫練習。

1948年10月21-24日　北平美術作家協會、中國美術學院及國立北平藝術專科學校三團體假藝專德鄰堂，舉行齊振杞教授遺作畫展。徐悲鴻、齊白石、于非厂、葉淺予等畫家，均捐有精品標價展出，以所得作為齊氏善後費用。

1948 年12月7日　因北平美術作家協會的內部成員有所分化，吳作人等又另外組織了「一二‧七藝術學會」，推徐悲鴻為會長。北平美術作家協會漸行解體。

對《北平美術作家協會會員活動合影》注釋的補充

《藝為人生——徐悲鴻的學生們藝術文獻集》一書中[11]在介紹蕭淑芳先生部分，附錄的一幀北平美術作家協會會員活動合影照片極為珍貴。言其珍貴而非鮮見，是由於這張照片曾多次見之相關人物的傳記或圖集中，如徐悲鴻、吳作人、李苦禪、宋步雲等等，其說明文字各有差異，或注為成立時合影（李苦禪）、或注為國立北平藝專遷校尉胡同新校址後教員合影（宋步雲），而此照注釋文字為：

　　北平美術作家協會會員活動合影（中山公園來今雨軒），前排右起為戴澤、李宗津、宋步雲、齊振杞、李彝、劉鐵華、楊某；後排右起為艾中信、孫宗慰、吳作

人、蕭淑芳、董希文、孫竦、楊光化、王合內、徐悲鴻、
李苦禪、王臨乙、高立芳、高莊、萬庚育、盧光照、王靜
遠、陳令娟、李瑞年

　　除拍攝時間和個別會員名字略有缺失和失誤外，為讀者提供
了拍攝地點、人物、內容等資訊，特別是對人物的指認，為深入
研究該會會員生平、活動乃至同一時期其他合影注釋文字的準確
性等等，具有重要的參考價值。
　　筆者採取排除、推測方法試將該照拍攝時間定為1948年5月
中上旬，理由如下：
　　1、該會成立時間為1936年10月16日的下午五時至七時許，
從照片拍攝的光線和人物的衣著來看，絕非成立會時所拍。

7.8　北平美術作家協會會員活動合影（1948年5月中上旬攝於北平）

2、從照片人物中有吳作人、齊振杞來分析：1947年1月至1948年1月間，吳作人赴英國訪問講學，不在北平，所以只能是拍攝於1948年上半年；因齊振杞於1948年6月15日因病住院旋亡，此日前應是該照拍攝時間的下限。

3、1948年5月1-10日國立北平藝專、中國美術學院及北平美術作家協會在北平中山公園中山堂聯合舉行美術作品展覽，有展覽期間該會在來今雨軒聚會慶祝、合影留念的可能；從眾人春夏之交的著裝來看，與辦展時間較為貼切。但細辨照片背景建築，對應現存來今雨軒舊址，又不甚吻合，拍攝準確地點有待進一步考證。

4、再對應該會會員名錄，則可將「楊某」斷為「楊化光」（唯一楊姓者，女，北平人，三十七歲，國立北平藝專教授）、「陳令娟」更為「陳玲娟」（女，江蘇人，二十七歲，任職國立北平藝專圖書館），則可將注釋文字修訂為：

北平美術作家協會會員活動合影。前排右起為戴澤、李宗津、宋步雲、齊振杞、李彞、劉鐵華、楊化光；後排右起為艾中信、孫宗慰、吳作人、蕭淑芳、董希文、孫竦、楊光化、王合內、徐悲鴻、李苦禪、王臨乙、高立芳、高莊、萬庚育、盧光照、王靜遠、陳玲娟、李瑞年（1948年5月中上旬攝於北平）

這樣的分析結果是否妥當呢？有興趣的讀者可以考證一番。

2012年9月16日夜於京城殘墨齋

【注釋】

① 許志浩著《中國美術社團漫錄》，上海書畫出版社出版，1994年，P241。

② 吳作人《剛正不阿》，收入徐悲鴻紀念館編《美的呼喚——紀念徐悲鴻誕辰100周年》，中國和平出版社1995年6月第1版，P188-195。

③ 北京畫院編《20世紀北京繪畫史》，人民美術出版社2007年9月第1版，P200。該書第五章「抗戰勝利後的北平畫壇（1945-1949）由李樹聲執筆。

④ 1946年10月17日北平《經世日報》。

⑤ 廖靜文著《徐悲鴻傳：我的回憶》，中國青年出版社2010年3月第五版，P279

⑥ 1947年4月10日北平《華北日報》。

⑦ 參見1946年10月17日北平《華北日報》、《經世日報》等。
《徐悲鴻年譜長編》作：「1946年10月16日（九月二十二日）下午三時在朝陽門大街勵志社交誼室，出席北平美術家協會成立大會，並任大會主席，出席者另有吳作人、王臨乙、宋步雲、孫宗慰、劉鐵華、李瑞年等二百餘人。被推為協會主席，另聘齊白石老人為名譽主席。」（王震編著，上海書畫出版社2006年12月第1版，P284）從成立會體具時間、協會名稱、出席人數、徐悲鴻及齊白石「名譽」稱號諸項均不確切。
《宋步雲年表》作：「1946年10月 參與發起組織「北平美術作家協會」，齊白石為榮譽會長，徐悲鴻任會長，吳作人任理事長，宋步雲、劉鐵華、李宗津等任常務理事，鄧以蟄、溥心畬等為名譽會員。」（見鄭工主編《天高雲淡：宋步雲誕辰100周年紀念文集》，文化藝術出版社2011年11月版）

⑧ 參見北京市檔案館存《北平美術作家協會請求備案的呈文及社會局的批（章程會員職員名冊）》卷宗號J002-002-00230。

⑨ 吳作人《剛正不阿》。

⑩ 參見胡冰《美術家過節記》，1948年3月26日北平《平明日報》。

⑪ 《藝為人生——徐悲鴻的學生們藝術文獻集》，中國國家畫院主編，紫禁城出版社2010年12月出版發行。

藝術家齊振杞遭暗殺

——徐悲鴻佚文輯釋之一

1948年夏，故都北平發生了「齊振杞割痔致死案」，因涉及京城名院名校、名醫名人，加上新聞媒體的介入，或追蹤連續報導，或開闢追悼專頁，其中由於國立北平藝術專科學校校長、著名畫家徐悲鴻親自出庭作證，更是成為新聞熱點，一時間使得案情時隱時現，撲朔迷離，沸沸揚揚，長達半年之久。那麼，這場案件的始末究竟如何？徐悲鴻與死者有著怎樣的關係呢？

一、齊人其人

齊振杞字齊人，河北密雲巨各莊鎮海子村人，1916年出生於農戶之家，自幼受到從事木匠生計過活的父親影響，展露出繪畫天賦，自私塾入本地白果寺小學讀書期間，繪畫已具一定水準，得到老師和長輩的器重。後以優異的成績自通州師範學校畢業，又考入北京師範大學。課餘兼習繪畫，技藝日趨長進。時值「九‧一八事變」之後，北平局

8.1　畫家齊振杞（1916-1948）

勢動盪不寧，抗日救國運動方興未艾，齊振杞接觸了許多愛國進步人士，思想不斷進步，以抗日救亡為己任，積極參加學生愛國運動，並在1937年抗日戰爭全面爆發以後，毅然投筆從戎，隨軍輾轉豫皖鄂等地抗日前線，從事抗日宣傳工作，以畫筆做刀槍，記錄侵略者暴行和中國軍民奮死反抗侵略者的壯烈場景。1942年夏，齊振杞從第五戰區輾轉來到重慶，通過陳曉南結識了負責中國美術學院籌備工作的徐悲鴻先生，當徐氏看到齊振杞所作畫稿後，大為激賞其速寫「充滿戰爭氣氛，現實反映，非閉戶造車者可比。」翌年夏，齊振杞棄教職從徐悲鴻習畫，負責留守磐溪中國美術學院籌備處，在敵機轟炸中，仍潛心作畫，無一日懈怠。又旁聽徐悲鴻在中央大學藝術系的課程，親得徐氏指導，畫藝進步綦迅。在磐溪四年間的共同生活中，齊振杞常在月明之夜，與師友們相集階庭上聆聽徐悲鴻講述古今畫論、遊蹤見聞及中外藝人成就與其造詣，謹記於心，筆錄存史，欲日後加以整理，發表示人。1944年2月17日，在重慶中央圖書館舉行中國美術學院籌備處第一屆美術展覽會，展出國畫、油畫、水彩畫、粉畫、竹筆畫及書法作品等150餘件，因研究員不辭跋涉散佈西南西北各地工作，出品中體裁豐富，有新入耳目之感，獲得社會極好批評。徐悲鴻親自在展室中對佳作逐一品評，使齊振杞受到極大激勵，同時也深受徐悲鴻寫實主義美術理論的影響，著眼於堅固的寫實精神。他對磐溪附近景物和嘉陵江畔民眾生活的描寫，兩年間即創作出十餘幅較有水準的作品，「雖在中大任教之名流中亦不多見也。」（徐悲鴻語）這樣的成績，也使齊振杞獲取了中國美術學院助理研究員的資格，同時兼任院內事務工作，操勞倍重。

1946年8月初，徐悲鴻受教育部聘接收由鄧以蟄主持的國立北平大學臨時第八班，恢復並改組國立北平藝術專科學校，「決意將該校辦成一所左的學校」（致吳作人函），約請吳作人、葉淺予、龐薰琹、李樺等來校執教，齊振杞被聘為該校講師。同年10月16日，旨在「聯絡美術界感情，促進美術創作，研究美術理論，溝通中西美術思潮，推進北平美術運動，致力美術教育建國工作」之北平美術作家協會成立，徐悲鴻任名譽會長，齊振杞為會員之一，並擔任北平《華北日報》、天津《益世報》之「藝術週刊」編輯。兩週刊實際上即有該會機關刊物性質，成為宣傳協會工作，介紹中外美術理論、刊登美術創作的重要陣地之一，徐悲鴻為之題刊，並發表了多篇文章。

　　1947年3月，為慶祝美術節舉辦的國立北平藝專師生美術聯合美術展覽會，齊振杞擔任佈置股及出版股工作，並與艾中信聯名發表《檢討自己》長文，對參展作品進行評論，引發徐悲鴻《國立北平藝專美展平議》一文與之呼應。齊振杞在該展中的出

8.2　1947年4月3日《華北日報・藝術週刊》發表齊振杞、艾中信《檢討自己》長文

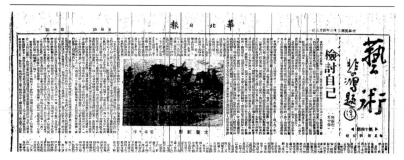

品有油畫《重慶近郊》、《嘉陵江風景》、《夏日》等八幅。同年7月，國立藝專因教員罷教引發「國畫論戰」，期間，齊振杞與徐悲鴻通力合作，多方應付，曾在北平《現代知識》半月刊中發表〈革新中國畫之商榷〉、〈論美術工作的實踐〉諸文，受到徐悲鴻首肯。1948年5月1日，北平美術作家協會、中國美術學院、北平國立藝專三聯合美術展覽會假中山公園中山堂舉行，展品內容有中、西畫雕刻圖案工藝等，作品達六百餘件，盛況空前。齊振杞油畫《東單地攤》參展，畫面中綜合數十人，集聚無數什器，五光十色，作法純熟無暇，被徐悲鴻評為「誠可稱中國新繪畫上一傑作。」加之勤於教學、篤於寫作、從事創作之外，又學習英文，計畫赴歐飽覽歷史名作，可謂意氣風發、如日方中之際，然而，一場飛來橫禍竟讓這位青年有為的藝術家過早地離開了人世。

二、割痔致死

1948年6月15日，齊振杞發現自己便血，便赴北平醫院（原德國醫院）診治，經該院外科主任楊靜波確診為內痔，要求住院手術。由藝專校長徐悲鴻作保後，這位窮教員提著一個小包袱，從東單洋溢胡同藝專宿舍走到東交民巷北平醫院，住進了西房子三等九十三號病房。兩天之後，楊靜波為齊振杞施行了二十分鐘的割除手術，術後情況正常，遵照楊靜波的處方，患者手術後每四小時吃消炎片（磺胺噻唑）一次。沒有料到翌日出現噁心嘔吐、小便困難等異常情況，護士說屬於正常情況，而主治大

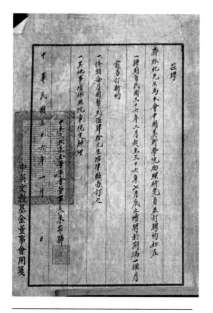

8.3　朱家驊簽署齊振杞為中國美術學院助理研究員聘書（1947年1月）

8.4　徐悲鴻簽署齊振杞為中國美術學院助理研究員聘書（約1947年）

夫身兼同仁、陸軍、空軍醫院外科主任及自開診所數職，難尋蹤影。後來病情益發嚴重，患者要求轉到條件好些的二等病房，但費用要加一倍。徐悲鴻得知後，表示不惜代價，救人要緊，立即轉房。6月20日，齊振杞轉到二等第五十二號病房，這時，他已經兩天無小便了，面部明顯浮腫，神態時有不清，而主治大夫楊靜波卻不露面，不知去向。6月22日，在友人的堅持下，患者轉入內科病房，病情更重，連續抽風，咬破舌頭，滿口鮮血，全身浮腫，神志昏迷，內科竟無大夫接手治療，與外科互相扯皮，病情被一誤再誤。病人方面請求中和醫院泌尿系專家謝元甫大夫會

診，斷定為尿毒癥。6月23日，病情仍不見好轉，院方同意請來協和醫院外科主任洛克斯及同仁醫院內科專家劉士豪大夫、泌尿系專家謝元甫大夫會診，診斷為「急性腎臟炎尿毒癥」，認為情況雖嚴重，但尚頗有治癒希望。這時楊靜波方才趕到現場，面對失去了搶救機會、奄奄一息的患者，這位1931年畢業於協和醫院的外科名醫顯得失手無措。6月24日，患者呼吸不佳，轉支氣管肺炎，經實行一切治療方法救治無效，至下午六時二十五分遂於衰竭狀況下死亡。年僅32歲。

三、公審結果

消息傳來，震驚平津，因為楊靜波大夫是社會公認的成名醫師，市立醫院更是當時北平最大最講究的醫院，以這樣一個鼎鼎大名的大夫，這樣一個人們共知的醫院，決不可能治不了最起碼醫生所敢包治的病症。區區割痔手術出現如此嚴重後果，豈非咄咄怪事。新聞界隨即在《平明日報》、《華北日報》、《新民報》、《世界日報》、《大公報》等做了相應報導，引起社會各界的重視和討還公道。輿論指責：「我們一向認為醫生是最高貴的職業，所不幸的是人們視為救世主的醫師，有些竟是唯恐腰纏不富殺窮人而不落跡的魔手，也是一定中國前途太暗淡了緣故吧！」

北平國立藝術專科學校教授會、職員會、學生自治會及齊振杞教授親友家屬合組的「齊振杞教授慘死善後委員會」，派代表赴市參議會請願，由參議院趙鳳楷、劉植源、沈承慶接見，

聽取齊氏慘死經過後，甚表憤慨，當即臨時動議，決定三項：（一）通知市府查辦北平醫院及負責醫生，（二）通知法院嚴重處理，（三）飭令北平醫院擔負治喪費及家屬贍養費。參議員凌昌炎、阮篤成並自願義務擔任齊氏善後會之辯護律師，作為原告方，控告楊靜波等人怠忽職守，過失殺人，應予嚴懲和賠償經濟損失。隨後，北京大學法律系主任芮沐和教授費青，也應邀擔任義務律師。

被告楊靜波等醫護人員一方人則相互包庇，偽造病歷，企圖推卸責任。又聘請劉煌、高永思律師辯稱此案係醫學問題，不是法院所能解決，應送南京司法部法醫研究所鑑定，以此來拖延案情。同時宴請新聞界報刊主任、記者等，拜託再不刊登齊案新聞，謀求私下賠償，了結此案。

在之後的日子裏，原被告雙方進行了保存病歷、解剖驗屍、偵訊取證、提起公訴、媒體介入、公堂對質、開庭審理、最後宣判等多個回合的較量，耗時長達半年之久。

齊振杞去世時，正趕上徐悲鴻患高血壓症，眾人擔心他知道實情後加重病情，就採取了隱瞞辦法。徐悲鴻是從報紙上知曉此事的，對名醫疏忽職守致人於死之舉極為憤怒，決意要將官司打到底，為死者討回公道。10月22日上午十時半，徐悲鴻扶病親自趕赴法庭，與被告方北平醫院院長陳非莫、外科主任楊靜波、助理大夫馬景裕、陳寶興等當堂對質。當依次傳訊徐悲鴻時，這位身著藍綢薄棉袍，花白的頭髮，並拄著一根手杖的校長悲憤的說：「齊在入院之先曾騎車到校借支薪金，身體強壯。楊大夫是名醫，我廿日看齊抽風，問陳院長楊大夫，他們還說不要緊，這

現象很普通，過幾天就好，所以沒有介意。齊死後，別人都不告訴我，我是有一天在報上看到的。」說到激憤處，他以手指敲著桌子擲地有聲地說：「拋開齊是青年人，藝術上最有成就的，今天這完全是從我良心上發出的話，像他那樣有成就的作品，拿出來在全中國也不過有五個人。這實在是個藝術界的大損失！所以我要是大夫，法庭即使不判我罪，我也得自殺！」楊靜波站在旁邊，面色頗現蒼白，表情極為尷尬。翌日各報分別以〈治死有為的藝術家，我若是大夫就自殺〉、〈徐悲鴻詞鋒甚銳字字逼人〉等為題加以報導。

當時天津《大公報》駐京記者張高峰經歷這場案件的整個過程，曾寫有回憶文章〈徐悲鴻出庭目睹記〉一文，發表於《藍盾》1985年創刊號，所述頗詳，但其中談到該案「直到解放前，兵荒馬亂，未能再開庭。楊靜波、陳非莫等果然在這期間逃離北平，傳說後來去了臺灣，齊振杞冤死案未得昭雪。」恐怕是記憶有誤或有所不知，故與實際情況稍有差異。查1949年1月上旬北平《華北日報》、《世界日報》，曾分別報導7日齊振杞案開庭公審，徐悲鴻等到庭作證、原告附提民事賠償和10日公開宣判的情況。據後者記載：

> 藝專教授齊振杞割痔被醫治死案，於十日上午十時在地院大法庭宣判，由朱德欽推事主持。因藝專學生正在考期，故均未參加，徐悲鴻校長夫婦及齊女友樊曼齡均準時到庭，被告因故未出庭，審判長則實行缺席宣判。判決主文：「楊靜波、陳寶興過失殺人致死，各處有期徒刑

二年，褫奪公權一年。附帶民事部分移送本院民事庭辦理。」……原告方面因為本案得到公正的判決，均極忻慰。徐悲鴻並趨前與素昧平生的朱（德欽）庭長握手，旋即偕夫人等離去。審判後，原判決書即送地院院長室審閱，定後日正式發表。聞北平醫院院長陳飛莫引咎辭職，外科主任楊靜波（即被告）被處褫奪公權一年。據法院人士談稱：亦應依法卸職，一年內不得在公立醫院服務。

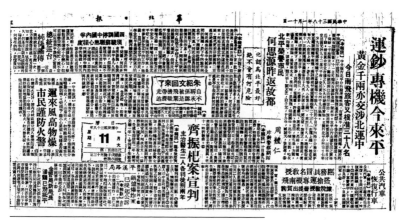

8.5　1949年1月11日《華北日報》齊振杞案宣判報導

　　可見是已經判決，得到昭雪的。至於民事賠償部分，原告方面並提出民事附帶賠償條件三項：（1）應負死者兄弟之撫養費五年；（2）應負死者之父贍養費十年，按死者薪金一半計算，折合為十兩黃金，現價為十二萬金元；（3）喪葬費由學校代墊三億元（法幣），折合黃金，執行時得按時價調整。據張高峰回

憶稱：北平解放後，齊弟振棟找到張，希望幫助把這場官司再打下去，在張的鼓勵、指導下向人民法院提出訴訟，法院受理後，查閱了舊卷，很快便判決，民事部分由楊靜波在北京的妻子田鳳鸞從楊的財產中拿出小米若千斤賠償被害人。

四、悼念活動

1948年7月11日，上午八時，齊振杞教授慘死善後委員會假賢良寺公祭，十時舉殯安葬於西郊福田公墓。

7月23日，天津《益世報·藝術週刊》「追悼畫家齊振杞特輯」刊登了徐悲鴻〈哭振杞弟〉、王怡之〈追悼齊人〉、曉予〈先離我們而去的──齊先生〉、張旅文〈一個滿是生機的人〉、啟美〈在墓地〉諸文以及齊振杞遺作《東單地攤》、《鐵工》、《肖像》的圖版。

徐悲鴻在〈哭振杞弟〉一文中回顧了與齊振杞結識、交往和齊的藝術成績後，感喟：「吾人雖或能致之中國藝術中興，而弟曾竭力與斯役者而終不能目睹也，悲夫！悲夫！」對這位才華橫溢的青年畫家之死表示了無比悲痛。他的另外一篇悼念文章〈藝術家齊振杞遭暗殺〉，發表在北平《中建》半月刊1948年6期中，經核查尚未收入王震編《徐悲鴻文集》（上海書畫出版社，2005年）內，屬於徐悲鴻著述佚文，也是齊振杞生平史料之一，具有重要文獻研究價值。就筆者所見，徐悲鴻生前為同一人所寫兩篇悼念文章者，除印度詩翁泰戈爾外（1941年作〈悼念詩聖泰戈爾〉、1942年作〈悼泰戈爾先生並論及繪畫〉），就是為齊振

杞所作了，於此可見徐悲鴻對齊振杞的器重。故迻錄於下，以補文獻遺缺。

藝術家齊振杞遭暗殺
徐悲鴻

　　藝專教員青年有為畫家齊振杞先生，抗戰期間，服務於第五戰區，多才多藝，長文學，精通英文，尤擅繪畫，每星期必有新作，精勤不懈，已往在重慶展出者，如《嘉陵江上》六幅，風景十一幅，《襲擊》、《衝鋒》、《負傷》皆關抗戰大幅。前年抵平，在國立藝專任教。去年展出，如《撿煤渣》、《街頭》、《菜市》、《白皮松》。今年展出，如《東單地攤》、《風前》、《垃圾堆》、《人像》、《平民小食堂》等皆色彩沉著，章法自然，卓然成家，尤以《東單地攤》為極成功之作，雖置之世界作家之列，亦無愧色。又為天津益世〔報〕編輯藝術週刊。其為人有熱情、義氣、慷慨、直爽，兼北方人優美性格。其為教，又循循善誘，深受學生愛戴，兼之體幹魁梧強健，故藝術界文化界咸寄以無限期待希望。詎知於今年六月間，因割痔為北平市立醫院楊靜波醫士玩忽而致死！楊本為北平名醫，尤精外科，其手術本極高明，但齊君割痔後，即無小便，又因居三等病房，不為醫院重視，旋因病漸嚴重，改居二等。遂發覺中尿毒，已在五日之後，病入膏肓，不能挽救，竟使一代藝人，盛年殞謝！而且醫院在

齊割治後，有三日無病情報告，據張高峰先生等查明，但
聞近又發現報告，其為偽造無疑。玩忽如是，是楊靜波醫
生，雖無意殺人，實無異其手殺之，雖有如簧之舌，不能
辯也。齊生前性急，吃飯不嚼，在軍中多年，久食粗糧，
不及消化而排泄，遂致患痔瘡。聞楊醫生因手術高超，各
醫院爭為羅致，身兼三四醫院外科主任之職，視齊君區區

8.6 《中建》半月刊1948年1卷6期刊登徐悲鴻〈藝
術家齊振杞遭暗殺〉一文

割痔小症，不加注意，亦無暇注意，遂致陷齊於死。是楊應負殺人之責，而齊誠可謂時代之犧牲者也！

藝界同人，既集合齊君作品，定期舉行展覽，並同時追悼外，已在北平地方法院起訴，控告楊靜波醫生，玩忽殺人之罪。齊君並有老父若弟，生前待其贍養，死後尤深慘痛，諒法院定有以申法紀，而平多人之悲憤也，傷已。

文中提及「藝界同人，集合齊君作品，定期舉行展覽」一節，事見1948年10月21至24日由北平美術作家協會、中國美術學院及國立北平藝術專科學校三團體發起舉行之齊振杞教授遺作畫展暨留平畫家為齊氏善後籌款畫展，在國立北平藝專德鄰堂展出齊氏《長沙大會戰》、《勝利之歸途》、《小英雄》、《勞動者》等油畫、水彩畫精品百幅，另有宣傳畫、速寫190件。徐悲鴻、齊白石、于非厂、葉淺予等畫家，均捐有精作標價同時展出，以所得作為齊氏善後費用。

這裏想說的是：齊振杞平生研習美術，精心創作，絕非以此次遺作展為絕唱。早在十一年前，甫從京華美術學院畢業不久的齊振杞就曾在北平舉行過個人畫展，時間：1937年7月4日至11日，地點：北平私立藝文中學，計展出《夏》、《都市清幽》等為題的油畫作品十一幅；《樹影垂蔭》、《春雨初霽》、《塞外牧童》等為題的水彩畫作品三十三幅，作品內容多注重寫景、狀物，人像活動一類的則較少。時人評其作品技術純熟，著色調和勻配，安詳中有清新幽恬意境；章法佈局妥帖，不標奇立異，亦不陳腐因襲，什麼都在規規矩矩的作著，而內蘊是相當可取了。

8.7 齊振杞《東單小市》（1948年） 97.5×162cm 布面油彩（中央美術學院美術館藏）

對於一位剛出校門的習畫青年來說，已經入了藝術門徑，前途很有希望，繼續努力，必可大成。

從上述引用資料來看齊振杞的藝術創作經歷，或可體味出，作為美術教育家的徐悲鴻先生那可顆愛惜、培植藝術人才的一片熾熱之心；作為有社會責任感的藝術家面對社會黑暗現象挺身而出的無畏之舉。齊振杞，這位富有才華的青年畫家，含冤早逝，確為中國現代藝術界的一大損失。徐悲鴻為齊振杞遺作展所作〈序言〉稱：「故六年以來成稿將五千紙，得油畫數百幅，若今年成功之大幅東單地攤，雖置之世界作者之林亦無愧色。」歷經

六十多年風雨後，齊振杞的這些精心之作，不知是否還珍藏在中央美術學院美術館？如能整理出版，當能為中國現代美術寶庫中添一篇章。

　　　　　　　　　　　　辛卯元宵夜於京北平雲樓

專寫民瘼之趙望雲

——徐悲鴻佚文輯釋之二

提起平民畫家趙望雲，讀者並不陌生。這位日後成為長安畫派奠基人的現代著名中國畫家，1906年生於河北省束鹿縣，少貧，曾入皮行做學徒。1925年到北京學習美術，後以入學無門，轉而自學自創。他的畫風自然質樸，筆力蒼厚，注重生活氣息，從而奠定了以中國平民的現實生活為題材，用樸素筆調進行創作的基本藝術創作風格。1933年趙望雲應聘為天津《大公報》特約旅行寫生記者，深入冀南十餘縣作農村生活寫生，這些真實記錄普通農民日常生活的，近乎毛筆速寫式的「寫真」畫，將中國社會貧窮落後的病態及民眾在死亡線上掙扎的苦相，揭示在觀眾眼前，使人有如身臨其境。作品在《大公報》「趙望雲農村寫生」專欄連載後，引起社會上的強烈反響，當時隱居泰山的愛國將領馮玉祥看到這些畫作後，極為讚賞，主動為其畫稿配詩，青年畫家與傳奇將軍結為莫逆之交，成就一段藝壇佳話。

1935年秋天，趙望雲與《大公報》記者蕭乾採訪蘇魯邊境水災難民。翌年2月，由馮玉祥資助並主持在南京華僑招待所舉辦「趙望雲旅行印象畫展」，徐悲鴻、田漢、馬彥祥、吳組緗、蕭乾等人都對展出提供了很多幫助，于右任等政要及文化名流前往參觀。展後，大公報社於5月間又為他在上海出版了《趙望雲旅行印象畫選》。該書由徐悲鴻題簽，盛成撰序。這是繼《田園集》（1932）、《趙望雲農村寫生集》（1933）、《趙望雲塞上寫生集》（1934）之後，畫家有關農村社會生活面貌的又一部寫生畫集。查現有趙望雲研究資料中，提及他與徐悲鴻的交往，大抵只此一節。實則，徐悲鴻除了為該書題簽外，還曾撰寫發表過一篇藝術評論，則鮮為人知，否則在有關各種徐悲鴻文集和趙望雲研究、傳記中是不會遺漏的。筆者有幸查閱到該文，並根據相關資料就其發表背景作了些許考證，發表出來供研究者參考、指正。

9.2 徐悲鴻為《趙望雲旅行印象畫選》題簽並該書版權頁

這篇題為〈專寫民瘼之趙望雲〉的藝術評論文章，發表於1936年2月14日北平《華北日報・藝術週刊》第二十三期，即「趙望雲旅行印象畫展專號」（上）內，因屬徐悲鴻佚文，對研究徐、趙交往史實及藝術理論與創作有著重要的史料價值，茲迻錄於下，以存文獻。

專寫民瘼之趙望雲

徐悲鴻

　　吾友舒新城先生，因其侶濟群女士，而識望雲，數年前亟為吾稱道趙先生之篤志於藝，艱苦卓絕。其齋中亦懸趙先生所寫山水，筆法生動，無八股氣味，遂心志之。於是留意趙君通信寫生，大公報之首創也。去年趙君奉命赴江西，寫戰後殘跡，過都下見訪，始首次相識，因勉趙君，倘得佳題，必精寫之成巨幀，俾永久留傳，成一代史征，趙君以為然。年餘以還，在其平日通信工作之外，竟能聚精會神，成多量巨製，觸目驚心，使人興起。夫烽火連天，瘡痍滿目，奔走呼號之文，非不刻劃翔實也。顧狀天災人禍，簡畫優於深文；但畫之或不真，狀之或不實，如尋常大城報章所見，刻載之餓殍，類皆煙民賭鬼，或破落戶鄉紳，其狀不但不令人見憐有感於懷，反起人發該死之叱。今之死亡載道，呼籲無告，剝樹皮，掘草根，易子而炊者，皆終歲劬勞，力耕力織，黃帝子孫之最純潔誠勇者也。彼歲輸稅賦於官，官乃資其利設種種陷阱以害之，迫之至死，猶諡之曰暴徒。此有心人見斯民顛連無告知狀為之潸然雪涕者也。大仁不能責之人人，使有自作孽而死者，吾人對之必無如許等量同情，亦自然之勢也。

　　趙君畫格，昔已真切近情，此又親赴其地，與共生活且盈年累月，寢饋於是之所積，中國勢筆能畫者，不下三千人，而能為如此工作者，捨望雲先生一人而外，未聞

有繼起者也。衰亡之國運,乃偉大之藝術時代,顧偉大藝術之產生必俟好學深思宏願熱誠之士,夫有辨別白馬非白之靈感,而對同類之死亡,反無所動者,真天下之頑物也。所謂藝術貴有其時代精神者,並非拾人牙慧,逐臭海上,白日見鬼之勞;乃貴其能擷所切身之真實境界,而摹寫之畫者也。望雲先生,庶幾其人矣!

在這篇文章中,可知徐趙二位結識,緣於日後成為著名出版家舒新城夫人的濟群女士談及並引薦。舒新城(1883-1960)時任上海中華書局編輯所所長,年長徐悲鴻一個生肖。從目前發表的徐悲鴻致舒新城書信三十餘通[①]內容看,主要談及編印《美術史

9.3 1936年2月14日《華北日報·藝術週刊》第23期。該週刊創刊於1935年8月30日,王森然主編,沈兼士題端

大綱》、《齊白石畫冊》、《悲鴻畫集》、《八十七神仙卷》及《孫多慈描集》諸書編印構思、設計拍照，撰寫序言跋文之類，其中又以徐氏自道與孫情感糾結，催促加快趕印畫集，以及徐夫人蔣碧薇為此事遷怒責怪舒氏等情節，最能看出舒氏在徐孫情事上所起的作用。通過摯友之侶推崇引薦而關注趙望雲創作，特別是趙氏作品中「筆法生動，無八股氣」，最合徐悲鴻藝術主張。徐趙相見時間約為1935年底或1936年初，因為按照農曆丙子正月在1936年1月24日，符合文章「去年」所指。晤面之時，徐悲鴻勉勵趙望雲關注民生，選取有意義者描繪巨幀，留存史征，給予青年畫家極大的鼓勵。辛勤創作所得，更獲「三千畫家之唯一」盛譽，直與推崇「五百年來一大千」語不相左右矣。實則「所謂藝術貴有其時代精神者，並非拾人牙慧，逐臭海上，白日見鬼之勞；乃貴其能擷所切身之真實境界，而摹寫之畫者也。」正是作者文章立意、有望來者所在處。而此番主張，對趙望雲日後的藝術創作必定產生積極影響，這也是值得研究者們注意的地方。

趙望雲的畫展在南京舉行，為何徐悲鴻的評介文章會在北平發表呢？

這又要談到徐悲鴻與北平（北京）的情結。雖然作為一位江南人不喜歡北方的漫天風沙，藝術主張也多次在故都受到傳統畫派的反對，但是，這裏是他首次受聘擔任北京大學畫法研究會導師，並發表《中國畫改良之方法》論文，啟程赴歐進行藝術深造的起源地；是他懷揣藝術改革夢想，應李石曾之聘擔任北平大學藝術學院院長之處；是他數次北來從事藝術創作、結交友朋之所。分別為梅蘭芳、程硯秋繪製舞臺像，數請白石翁擔任教席，專程率領中央大

學藝術科師生北上寫生，悄然為傅增湘畫像以答恂然之舉等等，都可為此作一註腳。至於抗戰復員後應教育部聘接收北平大學臨時第八班，重建國立北平藝術專科學校，乃至卒於中央美術學院院長任上，可謂起步於斯、盡瘁於斯也。因屬後話，暫且不表。

　　1935年2月間，徐悲鴻利用假期來北平為前教育總長傅增湘畫像時，受到故都文化藝術界熱情接待。八天的時間內，除隱聲息音迴避外界追蹤，專心繪事外，就是忙於應酬各界邀宴，出席

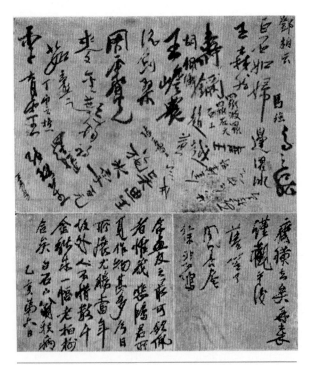

9.4　1935年2月北平藝術界舉行徐悲鴻聯歡會來賓簽名簿

招待茶會，舉行演講，其中以8日這天出席藝術界假藝文中學舉辦的歡迎茶會最為隆重，主持者「藝壇交際花」王青芳介紹完畢後，請徐氏報告各國藝術狀況，及展覽其最近作品。與會者竟有百餘人參加，白石翁兩次前往，留下「余畫友之最可欽佩者，惟我悲鴻」諸語。簽名簿中王森然的名字也赫然在目，他曾先後與王青芳合作編輯數種報紙的藝術副刊，並代為天津《北洋畫報》、《天津商報畫刊》等組稿，刊發介紹徐悲鴻的藝術文章和作品，想必友情不僅限於神交，而是相識相知的。

1925年秋，趙望雲（當時名趙新國）進入由姚茫父支持、邱石冥任校長的私立京華美專，不久轉入國立北京藝術專門學校預科。1927年因無中學文憑而未被國立藝專錄取。升學無望，便遷居陋巷，發奮自學。繪畫之餘，不忘攻讀藝術理論著述，以資深造。他終日觀察摹寫百姓日常生活，逐漸形成「直接面對人生，切入勞苦大眾的現實生活」的鮮明創作主題。後與李苦禪、王青芳、孫之儁、侯子步等同道組織「吼虹藝術社」（亦稱「中西畫會吼虹社」），編輯出版

9.5 《疲勞》1928年作

《吼虹月刊》，舉辦聯合畫展於中山公園董事會，趙望雲展出表現荒旱中農民痛苦之狀的作品《疲勞》、以戰爭為背景描寫民眾所受內戰影響之《風雨下之民眾》諸作，引起社會各界的關注，驚歎為「蒼頭特起」之藝術前鋒。這，已是1927年底的事情了。

1928年3月，養痾於碧雲寺的趙望雲，忍痛作畫不輟，又將其《鬱悶》、《幸福夢》等作品，公開展覽於北海漪瀾堂。

1929年5月19日，北平藝術協會假青年會舉行成立大會，王月芝（即王悅之）主席，並致開幕辭，通過章程三十二條，會眾推選王月芝、李苦禪、王青芳、孫之儁、趙望雲等十九人為執行委員。

1930年6月14-16日，李苦禪、趙望雲假中山公園舉行展覽會，作品百數十幅。同月25-30日，吼虹社全體社員，假南溝沿藝術學院舉辦繪畫展覽會展出李苦禪、趙望雲、孫之儁、王青芳等作品二百餘幅，被報界稱為「本年最精彩之展覽」。

1933年10月22日，趙望雲農村寫生在北平青年會展覽。報導稱：「畫家趙望雲對於描寫農村生活為國內有數人才，去年曾遊歷河北二十餘縣，隨地皆有寫生通信，在大公報發表，極為社會人士所注意，最近平市青年會，為提倡農村服務起見，商請趙氏將起農村寫真全部作品運平展覽兩天，參觀者不下千餘人，青年會大廳整日擁擠，今日繼續一日，過期即將應中央黨部之約，送往南京展覽云。」可謂轟動一時。

1934年10月10日，為慶祝國慶日，平市鼓樓民眾教育館舉行藝術展覽會三日。平市名畫家于非厂、邱石冥、趙望雲、王雪濤等中國畫作品二百餘件，張劍鍔、陳啟民等西畫作品一百餘幅，楊仲子、王青芳、金肇野、許侖音等金石木刻、李堯生等攝影作

品參展。

1935年2月5日起，由馮玉祥資助並主持在南京華僑招待所舉辦「趙望雲旅行印象畫展」一周。展覽作品約八十餘幅，內容分農村、塞上、江南、水災四種印象，大部分為各地農村之頹敗印象。展前，王森然父女曾前往北平打磨廠天福店流覽過目這些作品。

以上所引資料，不外乎想說明，趙望雲早期在北平從事藝術創作活動之情況，以及他在北平藝術界的影響。當時主編《大公報‧藝術週刊》的王森然，非常看重趙望雲的藝術創新動向，給予了許多扶植和幫助：如他介紹趙氏到北京師範學校擔任美術教員，使得這位二十幾歲的潦倒青年，藉著毅力與銳氣，學術猛進，一鳴驚人。又在該報發表趙氏作品，撰文讚揚他是具有「充富之愛」和「戰鬥的勇力」的米勒式的「群眾畫家」。

說到趙望雲與王森然的交誼，王氏之女小芹（應當就是王潤琴女士吧？）曾撰文回憶：由於趙早年失怙，到北平後，與王森然相識，情如兄弟，其祖母亦疼愛有如己出。趙常來王家，為小芹畫像和其他小人物，惹得小芹嘻嘻笑。那時趙留有畫家常有的蓬鬆長髮，有一次和小芹合拍了一張照片，外人看見都說像母女兩個。就在趙赴南京辦畫展前，曾到北平西四前車胡同北下窪子二號王宅，同王森然聊起了不少往事，並且還說了些小芹幼年的趣事，於是令小芹想到了這張精心保存了十年的合影照片。因為趙的那張被別人拿去了，等看到小芹保存的這張時，他非常歡喜，一定要借去放大，並且答應放大後一定還給小芹。但以後因為遠赴各地，忙於藝術創作的畫家，沒能將這張照片再送歸收藏者的手中，以致令小姑娘耿耿於懷久矣。無獨有偶，或許是因為

長髮引人目迷的事情，筆者也曾遇到：在程徵著《趙望雲》一書的插圖中，附有1930年代初張大千、于非闇、張恨水等37人在北平合影一幀，圖像下方手寫標注留影者姓名，當屬極為珍貴的歷史圖像資料。可惜印製不盡清晰，圖側文字說明略有失誤處，將後排左起第六人的王青芳誤為趙望雲[②]，想必不會也是因為「終日披頭與散髮，昂首迴立笑天涯」的藝術家外形導致辨識不清吧？再來觀賞吼虹藝術社社員合影中，對那幾位留有時尚長髮的青年藝術家們，真想要辨識出趙王孫李，沒有同時期其他照片作為比對物，也還真難。

9.6　北平吼虹藝術社社員合影（自右至左，前排：凌眉琳、張文瀾、王超衆、馮子卿、孫之儁、李公琴、何雲僧；後排：杜文德、韓兆圃、李苦禪、周維善、趙望雲、王青芳、桑子中、王桂才）

這樣看來，當王森然主持《華北日報・藝術週刊》時，刻意刊發「趙望雲旅行印象畫展專號」，以及前兩期署名「小芹」的〈記趙望雲先生〉專文，同是有感於趙望雲在南京舉辦畫展時，當地的報刊差不多都有批評介紹的文字，而平津方面，除了《大公報》有一段消息外，卻沒有一點聲跡。由此感慨道：「這不獨顯示著北方藝壇的沉寂，一個生在北方，久住平津，名噪全國的青年畫家，頭一次在南京露面，而北方的藝刊，竟無消息往來，真夠洩氣。」所以不怕遭到「高攀」、「拳腳」的頭銜，出版專刊，加以評介。並邀請徐悲鴻援手，同時刊登吳組湘〈談趙望雲先生寫生畫〉、李仲相〈觀趙望雲先生繪畫後之感想〉、亞力〈中國所需要的繪畫〉、趙越〈怎樣開拓中國繪畫的新路？〉諸文，以壯聲勢。

有了上述的人事鋪墊，徐文能在北平報紙上發表，也就順理成章了。

2011年4月14日作於京城殘墨齋

【注釋】

① 手跡件見《中華書局收藏現代名人書信手跡》，中華書局，1992年。

② 趙望雲實為第八人，第五人為李苦禪，王森然在中排右三處。該照見第248頁，由河北教育出版社2004年出版。

李樺：創導中國現代版畫之最力者
——徐悲鴻佚文輯釋之三

　　提起中國現代新興版畫運動的宣導者魯迅先生，幾乎是無人不曉，他親手播下這顆中國現代版畫的種子，並精心加以培育，使之成為中國革命美術的先鋒，構成了20世紀30年代中國美術史中最為重要的部分。在他能親眼看到的短短五年間，已經由「一點萌芽」而逐漸成長為「茂林嘉卉」了。而繼其遺願，吶喊助威最力者之一，就不能不提到

10.1　版畫家李樺先生（1907-1994）

徐悲鴻先生和他的那篇《全國木刻展》。1942年10月14日，中國木刻研究會在重慶中蘇文協舉行渝區「第一屆雙十全國木刻展覽會」，出品有單幅木刻255件，連環木刻一套，木刻書刊50種，參加出品的作者54人。展出至17日結束。這次展出是一次包括解放區木刻在內的全國性木刻展覽會，解放區木刻引起了國內外人士的注意，畫家徐悲鴻在18日的重慶《新民報‧晚刊》著文對古元的作品作了高度評介，那一句「我在中華民國三十一年十月十五

日下午三時，發現中國藝術界中一卓絕之天才，乃中國共產黨中之大藝術家古元。」使之頃刻之間成為革命美術代言人。被譽為「中國新版畫界巨星」的古元日後回憶說：「徐先生是一位極其熱心、正直和具有膽識的藝術家。他在舊社會經歷了種種坎坷，抗日戰爭年代又處在黑暗重重的蔣管區，他以堅忍不拔的精神為爭取人民民主進行戰鬥。1942年10月15日當他在重慶參觀全國木刻展覽，看到中國共產黨領導下的解放區的木刻作品時，他甘冒政治風險在重慶《新民報》上寫了一篇充滿激情的文章。他是那樣的欣喜，那樣地竭誠讚揚，他這種大無畏精神真是令人感動。」[1]

當時在場負責接待講解工作的中國木刻研究會理事、版畫家王琦對當時的情景記憶深刻，對有關細節作有如下的敘述：

記得1942年10月13日下午，悲鴻先生來到重慶中蘇文化協會展廳，參觀正在舉行的「第一屆雙十全國木刻展覽」，他興致勃勃地仔細欣賞會場上每一幅展品，當他走到第二展室陳列的古元作品面前，他被吸引住了，他懷著十分驚喜的心情連聲稱讚這些精美的作品，特別是對古元的那幅《鍘草》，更是反覆欣賞，不舍離去，認為那是不可多得的傑作。他用手指著畫面上那個正在鍘草農民的背部說：「你們看，這個人的背部是表現得多麼好啊！畫人，從背面表現比從正面表現更難。」當他走到另一幅《哥哥的假期》面前，便指著畫面對我們說：「他的人物每一個都刻得十分生動自然，這全靠素描根底。」他又走到李樺的作品面前，指著畫面上刻畫的兩個士兵頭像

說：「這是木刻上的印象主義」；因為李樺在畫面上沒有施用明顯的輪廓線，而是用明暗色調表現出光與影的模糊效果。悲鴻先生在那次參觀過程中，對其他一些作品也都作過一些極為中肯的評價，這些評語都扼要的寫入他的一篇評介文章「全國木刻展」中。②

在這篇六百餘字的評介文章中，涉及的木刻家有古元、李樺、董蕩平、華山、王琦、西崖、荒煙、傅南棣、山岱、力群、劉建庵、謝子文、焦心河、劉鐵華、黃榮燦、李森、陸田、沙兵、維納、李志耕、萬湜思等共計21人，其中屬於解放區的有古元、華山、力群、焦心河等，其餘均來自國統區的作者。文中肯定了藝術家們具有的直面現實社會努力創作之勇氣，對每人作品進行點評，既有讚揚鼓勵，也有殷切期望，更有藝術指導，如主張版畫創作應背離傳統題材的複製與模仿，強調素描在藝術創作上的重要性，並以現實生活為素材進行創作；不宜公開陳列那些依據照相製作的作品；對展售之作品，應按國際慣例簽署作者名字於其上。在稱讚古元《割草》之作「可稱中國近代美術史上最成功作品之一」的同時，對另一位來自國統區的木刻家李樺也是讚譽有加：「此次全國木刻展中，古元以外，若李樺已是老前輩，作風日趨沉練，漸有古典形式，有幾幅近於Durer。」

這位被稱為木刻老前輩的作者，在晚年深情而謙遜地回憶到：

1947年以前，我沒有和徐悲鴻先生見過面，雖然我在美術學校上學時，就知道我國有個鼎鼎大名的徐悲鴻大師了。後來我參加了左翼木刻運動，和當時的油畫界、國畫界甚少往來，故沒有與徐先生接觸的機會。然而徐先生似乎是知道我的。記得1942年「中國木刻研究會」在重慶舉辦「第一屆雙十全國木刻展覽會」的時候，徐先生到會場參觀了。他看到了古元的木刻，大家讚賞，在《新民報》上撰文，說他「發現了中國文藝界中一卓絕的天才，乃中國共產黨中之大藝術家古元」。接著他順筆提到了我，證明他這時已經注意到我了，但我始終沒有拜見徐先生的緣分。③

　　李樺的猜測沒有錯，而且這「似乎」知道和瞭解他的時間也並非是在此次展覽會中，而至少是在六年之前。筆者查閱到徐悲鴻的另外一篇題為〈民以食為天：為全國木展而作〉的文章，從作者的陳述中就足以說明這一點。鑒於此文從未見之於各種有關徐悲鴻的文集和研究、紀念集中，有必要抄錄於此，以存史徵。

民以食為天：為全國木展而作
徐悲鴻

　　非必需精饌美食也，而孔子曰食不厭精，此中有二義存焉，曰食者無食無地，為吾人之必需，若不需食之時，則生存之道絕而死；曰食確有別，因在饑餓迫切之時，可不

採食品，幾足以充飲食者俱甘，雖粗糲餓濁者亦甘，若待食廩有所積蓄，則辨味之本能激展，於是乎有所選擇，非遂無此辨別之能也，終至辨別之力與理解，愈演愈烈，馴至飲食之術，成為人類智慧創造之一門，是孔子所謂食不厭精之賜也。此例為一切文化進步之共同方式，非止飲食一端為是也。飲食之用，曰在求精，但亦有不易之品，為日常者，萬古不易，如麵包白飯，吾人今日果腹之具，殆與眾民所食者，不大殊異也。木刻之在今日，其用處〔可〕與白飯相等，然則吾人先時其無麵包白飯乎，是乃以書法及簡陋之畫代之，又如吾人之玉蜀黍已幾全易他處優異品種，吾人之享受，進步無形中，是乃福利之一，習而不察也。

　　搋拓之術，吾國最早，亦印刷術之濫觴，而吾國書中插圖之為版畫，唐時已有之，明代大盛，且發明五色套版，以印精美之品，此則早於歐洲之製版，殆四百年。此次抗戰軍興，國人皆挺身而起，李樺、黃榮燦、野夫、劉崙、王琦、建菴、新波、溫濤、丁正獻、力群、馬達、陸田、朱鳴崗、宋秉恆先生等，俱以藝術獻身國家，卓然有所樹立，而李樺尤精於鐫藝，創導版畫之最力者也。向吾輩行蘇聯版畫展於京滬（Durer），頗予國人以極深之印象，李樺先生時居粵南，致書欲移此展於廣州，吾已擅自允之，只因粵政要政治心眼，阻其舉行，粵人至今惜之。吾國精神食糧匱乏，而民間尤窘。版畫者，民眾之精神食糧，猶之乎麵包白飯，為吾人不可一日或缺者也。謝梓文先生之《老翁》（青紗帳裏）有××之神味，李樺先生之

《兩人》，可謂版畫中之印象主義，俱能為光榮於藝史，吾甚欽之。以如是短促之時，成此多重有意義之作品，版畫前途殊未可限量也。

文章發表於1942年10月21日重慶《時事新報・青光》版中，距離上述那篇著名之作晚三天，大概是距離閉幕已經過去了幾日，新聞的時效性也就相對減弱，不大為人所注意吧，但內容上與前文確屬相互關聯，各有發揮，誠為研究徐悲鴻藝術理論及中國現代版畫史不可或缺的重要文獻。

該文先以木刻創作比喻民眾每日食糧，已不可或缺；既而述及中國木刻源流與發展現狀，高度評價抗戰軍興中木刻家們以藝術獻身國家所取得的成就，這項工作的意義在於：「吾國精神食糧匱乏，而民間尤窘。版畫者，民眾之精神食糧，猶之乎麵包白飯，為吾人不可一日或缺者也。」這種認識正與魯迅先生宣導的「為人生而藝術」理念是一脈相承的；對木刻家們在短時間內匯集多重有意義的版畫作品進行公開展覽，給予中國新興「版畫前途殊未可限量」的熱情期待。

如果對該文細加分析，有以下值得玩味之處：

其一，文中提到名字的木刻家有李樺、黃榮燦、野夫、劉崙、王琦、建菴、新波、溫濤、丁正獻、力群、馬達、陸田、朱鳴崗、宋秉恆、謝梓文等15人，幾乎都來自國統區。這裏沒有提到古元的名字，或許是因為報紙的政治傾向性使然，抑或是排版時為編輯有所刪節，如「向吾輩行蘇聯版畫展於京滬（Durer），頗予國人以極深之印象」之（Durer）顯然在此為衍文。對照前

10.2 1942年10月21日重慶《時事新報‧青光》版中刊登的徐悲鴻《民以食為天──為全國木展而作》一文。

文，不難發現應當是指李樺作品受到德國畫家、版畫家及木版畫設計家阿爾佈雷特‧丟勒（Albrecht Dürer，1471-1528）影響。但在此生出枝節，令人費解。

其二，與前文所涉木刻家名字相加，去其重複，共計30人，占到參展人數54名的半數以上，足以說明徐悲鴻對此次木刻展或者說是對於現代版畫創作的關注程度。

其三，文中透露了對李樺「似乎」瞭解的時間，是在1936年1月間南京舉辦蘇聯版畫展覽會期間。④並對李樺的木刻創作成績大為讚賞，稱其「精於鎬藝，創導版畫之最力者也。」「能為光榮於藝史，吾甚欽之」。較之對古元「乃是他日國際比賽中之一位選手，而他必將為中國取得光榮的」之期許毫不遜色。

1934年6月19日，李樺在廣州市立美術學校發起組織現代創作版畫研究會（後簡稱現代版畫會），編印《現代版畫》，在魯

迅先生的具體指導、關懷下從事版畫創作。這種關懷和指導，體現在二人間的相互通信，探討對新興木刻運動意義的理解與藝術創作實踐上。由於魯迅先生的具體指導和扶植，李樺以及其他現代版畫會成員的版畫創作風格，從最初的模仿西方木刻風格，逐漸轉變為探求民族風格和個人風格。《現代版畫》的編輯內容及印製裝幀形式也隨之發生明顯的變化，顯露出魯迅先生期待的「剛勁、分明的總體風格」。李樺那幅體現作者在民族危亡的關鍵時刻代表群眾的呼聲之力作《怒吼吧，中國！》，就是1935年在廣州創作的，發表於同年《現代版畫》第十四期上。作品刻畫了一個代表危難的中國的被捆綁著、蒙住了雙眼、全身的每一個

10.3　《現代版畫》1935年第一、第八期封面，由最初的油印本改為手拓本

部位都在奮力掙紮的形象，造型簡潔，刀法剛勁。在以後的「一二‧九」運動中曾被愛國青年學生們廣泛複製，作為遊行示威隊伍中宣傳畫，起到了巨大的鼓舞和戰鬥作品，從而成為了家喻戶曉，廣為流傳的木刻版畫作品。

　　1936年1月11日，由中蘇文化協會及中國美術會聯合舉辦的「蘇聯版畫展覽會」在南京中央大學圖書館舉行，展出蘇聯版畫家的作品239幅。在16日出版的《新民報‧文藝俱樂部》中，發表了徐悲鴻撰寫的〈蘇聯鐫版藝展開幕〉一文，指出：「民族間親善之獲得，當以溝通文化始，而彼此藝術品之觀摩，尤為最有效之文化運動。」實際上，此次的蘇聯版畫展的舉行，正是1934年春夏之交，被徐悲鴻認為是「生平最揚眉吐氣之日」時，在前往蘇聯舉辦中國近代繪畫展覽會時簽署的相互交流美術作品及展覽協定內容之一。是年5月7日，中國近代繪畫展覽在莫斯科紅場歷史博物館舉行，蘇聯外交文化交誼會會長Aroseff、畫家協會會長Voltaire等致歡迎詞，我國駐蘇聯代使吳南如發言，徐悲鴻作答謝詞。在隨後的日子裏，徐悲鴻曾接受美術家協會、建築學院、美術鐫刻學校等處邀請分別作演講，表達了中國藝術家願與蘇聯藝術家攜手的良好願望。並與蘇聯對外文化協會討論中蘇交換美術品等問題。就是說，徐悲鴻具有在華舉辦蘇聯版畫展的連絡人與組織者的身份，故而當李樺代表廣州木刻團體致函該會（或直接寫信給徐悲鴻也有可能）表達移會至廣州巡展意願時，得到了徐悲鴻的「擅自允之」，只是因為時局關係，未能成行，這恐怕不僅是「粵人至今惜之」，同樣導致徐悲鴻、李樺兩位神交已久的藝術家只能在十餘年之後才得以相見。

10.5　魯迅編選《蘇聯版畫集》廣告（原刊《文季月刊》1936年8月1卷3期）

　　蘇聯版畫展在展出一周後，於2月21日移至上海八仙橋青年會九樓繼續舉行。閉幕後，由魯迅先生親自挑選180多幅，交上海良友圖書印刷公司編輯出版《蘇聯版畫集》，並於6月23日抱病口述，由許廣平記錄整理了一篇序文，熱情希望「這集子的出

10.4　蘇聯鐫版藝術展覽會在南京舉行揭幕禮合影，二排左一為徐悲鴻，左二為華
　　　林，左三張道藩；前排右一為張西曼，右六為孫科，左三為羅家倫，左六為
　　　王世傑。（原刊《中蘇文化》創刊號，1936年5月10日出版）

世，對於中國的讀者有好影響，不但可見蘇聯的藝術的成績而
已。」該書前有蔡元培題辭，魯迅序及趙家璧譯文《蘇聯的版
畫》，開本17cm×21cm，分硬紙黑面精裝和閃色藍黑小花點絲
綢特裝本兩種，前者白色仿宋體書名，後者書脊用金色皺紋紙，
上印珠紅色書名，封面右下側為蘇聯木刻巨匠法復爾斯基（V.
Favorsky）為小說《人參》所做的插圖——人參。此書於1936年7
月印行，共收入作品114幅，印數三千冊，每冊實價二元。

關於出版此集的詳情，著名編輯趙家璧先生曾在本書《謝言》及1945年晨光出版公司再版本《出版者言》中敘述詳備，文中談到魯迅先生為出版此集花費的心血，以及集子出版後所遭到的不幸：由於日本帝國主義的入侵，畫集鋼版全部被劫，存書也都失散。抗戰八年間，人民遷移躲避，圖書既是無用的身外之物，而「蘇聯」這兩個字又最不受敵人所歡迎，所以淪陷區中購存本書者，不束之高閣，便投入了煤爐。趙先生曾在桂林、重慶遍訪此書，「圖書館中既不多見，研究木刻的朋友，偶而有一冊，也是珍如拱璧，夜深人靜才敢拿出來作為觀摩的工具，決不肯輕易示人。因為得之不易，便成為書市上的珍品，而它對中國木刻界所發生影響的深而且遠是魯迅先生生前所夢想不到的。」

筆者有幸獲見曾為著名版畫家、藝術理論家江豐先生的這冊私人藏書，書名頁鈐有「江豐」白文方印。珍貴之處在於：書名頁及背面上，均有署名「西野」用鋼筆所書的題識文字，頗具史料價值，特抄錄如下：

書名頁上所書原被劃掉，但依稀可辨：

江豐：

　　我和你講過中國的新興繪畫和木刻到現在雖然在魯迅先生培植與青年藝術家努力下有了很大的成就，但是離我們所要畫的標準還遠得很呢！是需要很大的努力將來才會獲得更大更新的發展。

西野　一九三七‧二　延安

10.6 《蘇聯版畫集》贈書題識手
　　　跡（選自中央美術學院圖書
　　　館藏本）

　　該頁背面的空白處幾乎寫滿了題識文字：

江豐：

　　我們時常談到中國的木刻時候，總覺得現有的成績太
不能令人心滿意足了！因而有時也就牽連到我們的學習問
題，和對那些以「大師」自足的傢夥的厭恨。老實講：我
們這年輕的一輩若不虛心的學習，還要自滿自足，那將會
使新興美術的萌芽受到損害的。

　　我希望你永遠忠實於你的木刻工作，一隻小刀也不見
得會弱於一尊大炮在抗戰中的作用。這是我的信念呀！

聽你說你也有這樣一冊版畫集子，遺失在上海了，我現在把我一九三七年在延安購得的這冊送給你，作為你精神食糧上損失的補充吧！

西野　一九三九‧一‧十三

贈書者西野，即鄭西野（1918-1991），陝西韓城人。1934年肄業於西安師範，後自學繪畫。1936年在西北各界救國聯合會從事美術工作。1937年到延安，曾任抗大文工團美術組組長。1942年以來，先後任東北軍政大學美術組組長，戰士畫報社副社長兼美術創作組組長。1958年調人民美術出版社任編輯室副主任。曾當選中國美術家協會理事。最近看到的消息是：2011年5月間，鄭先生的家屬將其生前珍藏609種、700餘冊圖書捐贈給中央美術學院人文學院圖書館。

江豐（1910-1982），原名周熙，上海人。1931年開始上海左翼美術活動，曾參加魯迅舉辦的木刻講習會。因從事進步活動兩次被捕。1938年赴延安，負責編輯《前線畫報》，後任魯迅藝術學院美術部主任，當選為陝甘寧邊區美術界

10.7　李樺作《魯迅先生追悼會》（木刻）1936年

抗敵協會主席。以後的主要經歷已廣為人知，茲不贅。筆者以為該藏本具有的史料價值在於：

一、中國的新興木刻是在魯迅先生培植下，在進步青年藝術家的努力下成長起來的。從兩段文字中反映了當時青年（特別是陝北解放區）藝術家們對人生、對藝術的探索，以及他們對未來充滿信心，在事業上相互鼓勵、支持的戰友情誼。

二、畫集發行、銷售、流傳之廣，不僅限於上海等大城市，即在較為偏僻的西北地方延安也能買到。這更加說明其作品的珍貴以及對中國新興木刻運動起到的借鑒作用。

三、書名頁上的「一九三九・七二延安」無疑是原購藏者西野的購書日期，而那段文字被劃掉，是由於與購書日期及收藏者簽名相衝突。這段重寫的題識文字，使我們更加真切地體驗到一位藝術工作者在抗敵鬥爭殘酷歲月中，所充滿的一腔熱血和拳拳報國之心。也為我們增添了一份難得的版畫史研究史料。

有關魯迅與徐悲鴻交往的史料不多見，共同宣導新興版畫運動、關注和提攜木刻青年的研究文章似乎也很鮮見，插入這段與本文看似無關的話題，或可作為研究者深入探討研究提供一點思路和參考資料。

1947年9月間，李樺離開了上海，應徐悲鴻之約來國立北平藝專任教。兩位年齡相差一個生肖週期的師友終得聚首。徐悲鴻第一次看到李樺木刻以外的繪畫原作後，便對其水墨人物畫和風景畫十分欣賞，出人意料地安排李樺講授美術史及彩墨畫系的水墨畫課程。1948年春，當徐悲鴻見到李樺所作《天橋人物》冊頁時，驚喜交集，愛不釋手，帶回欣賞半月後，送還的冊頁中題

李樺：創導中國現代版畫之最力者

滿了熱情的詞語，其中謂「以此而言新中國畫之建設，其庶幾乎！」表明了提倡改造中國畫的中心思想。並特意安排帶領李樺去拜訪齊白石先生，近距離觀察體味一代繪畫大師是如何構思、運筆、緩慢地畫成一幅氣韻生動的《殘荷》圖，瞭解到「外師造化，中得心源」的真諦。對李樺受到校外學生進步組織邀請輔導木刻學習班，並將從上海帶來的一批木刻作品交幾個大學輪流展覽的舉動，徐悲鴻從沒有出面來干預，反而透露李樺已經上了黑名單，暗示他要小心提防。這種關愛令李樺終身難以忘懷。

　　毫無疑問，李樺不僅是中國新興版畫運動奠基人之一，同時還是一位傑出的美術教育工作者。他創建了中國美術教育中的

10.8　1948年秋徐悲鴻與齊白石、吳作人、李樺合影（杰弗里·賀德立攝）

10.9　李樺作《怒吼吧！中國》（木刻）20×15cm　1935年

第一個版畫系並擔任系主任長達33年，培養了大批的美術人才。同時，他還擔任中國版畫協會主席、中國美術家協會顧問及中國文聯常務理事諸職，對推進中國版畫藝術發展做出了積極努力。1994年5月5日，李樺在北京逝世。其親屬遵照他的遺願，將他的全部木刻作品與極為珍貴的原版及書畫、著作、手稿等全部捐獻給國家，由中央美術學院保管，並將其所得獎勵金15萬元用於設立「李樺版畫藝術基金」，以鼓勵版畫藝術創作與教學。

　　在對人物個案研究中，人們往往期待新材料的出現，用來充實人物資料，考量人物進退得失，以便得出新的評價。囿於種種

條件的限制，如面對封塵的檔案、浩如煙海的舊報刊，或公私相關機構的資源壟斷，或浮躁環境下研究者對發掘原始資料缺乏耐心，空歎有價值的文獻得之不易。實在說，材料鮮見難得不假，但並不意味著無人瞭解和用心關注，有些材料需要研究者能夠耐得住寂寞和花費苦心去細心發掘，有些則需要利用當代訊息資源的收集和知識的積累去構築資源專題庫，只有這樣，才不致因為機緣不合、陰差陽錯而使重要資料失之交臂，釀成遺憾。就以這篇徐悲鴻先生的佚文而言，筆者就曾在王琦先生的那篇〈回憶徐悲鴻先生〉文章中發現倪端：

　　……次年（指1943年——筆者注），第二屆雙十全國木刻展舉行的時候，悲鴻先生遠在桂林，他在桂林參觀了分區展出的展品，又寫了一篇名為「民以食為天」的文章，其中仍然提到木刻家需要重視素描基礎的問題，他在文章的結尾時寫道：「吾終於念念不忘於古元之木刻，其嚴謹寫實之作風，應使其同道者知素描之如何重要。……」這篇文章曾發表在重慶的《時事新報》副刊上，我把它剪存起來，一直保存到全國解放後。在50年代初，我連同悲鴻先生在《新民晚報》上發表的那篇文章的剪報，以及悲鴻先生參加郭沫若先生領銜簽名的《文化界對時局進言》的一份剪報，一併贈給剛成立的徐悲鴻紀念館，作為永久保存。

王先生憑藉對早年事件的回憶提到了這篇〈民以食為先〉的文章，但寫作時間和相關內容有所混淆。儘管他細心閱讀並保存、捐贈了這剪存的重要文獻，在文章中也透露了相關的線索，但還是沒能及時引起研究機構和研究者們的重視。

　　無論是從社會作用的角度看，還是從版畫藝術家藝術發展的角度來看，抗戰時期的版畫，都是中國現代社會發展史和美術史上最重要的階段。在當時的歷史環境中，沒有任何一個畫種，能像版畫一樣，能夠產生如此強烈的藝術感染力去震撼人的心靈。而被徐悲鴻先生撰文推介的，正是以古元和李樺所最具代表性的解放區與國統區的版畫藝術成績和他們的創作群體。筆者注意到：為紀念中華人民共和國建國五十周年和紀念魯迅先生誕辰一百二十周年暨中國新興木刻運動七十周年，分別由李小山、鄒躍進主編《明朗的天：1937-1949解放區木刻版畫集》和李樹聲、李小山主編《寒凝大抵：1930-1949國統區木刻版畫集》的精美巨製畫集，於1998年、2000年由湖南美術出版社前後出版，前者已將徐悲鴻先生〈全國木刻展〉一文作為附錄刊印之。試想，如果這篇〈民以食為天〉的重要文章能夠及早被研究者發現和利用，或許也能加入後者書中，使之相映成輝。想來就令人怦然心動。

2011年6月25日夜作於北京殘墨齋

【注釋】

① 古元〈回憶初次見到徐悲鴻先生〉，收入徐悲鴻紀念館編《美的呼喚：紀念徐悲鴻誕辰100周年》，中國和平出版社1995年6月第1版。

② 王琦〈回憶徐悲鴻先生〉，收入徐悲鴻紀念館編《美的呼喚：紀念徐悲鴻誕辰100周年》，中國和平出版社1995年6月第1版。文中的日期疑有誤。

③ 李樺〈德才並茂　一代宗師〉，收入徐悲鴻紀念館編《美的呼喚：紀念徐悲鴻誕辰100周年》，中國和平出版社1995年6月第1版。

④ 據陳琦〈《現代版畫》與「現代版畫」〉一文（碩士論文，2009年）稱：「同月（指1934年10月──筆者注），賴少其、陳仲綱、潘成業在廣州永漢路大眾公司舉辦了『木刻三人展』，共展出木刻作品十三幅，當時途經廣州的徐悲鴻看到廣告後參觀了展覽，並給予了展覽好評與勉勵。」據此，徐悲鴻對廣州新興木刻活動的主要組織者李樺的瞭解時間當更早。但查閱王震編著《徐悲鴻年譜長編》相關係年活動資料，未見赴廣州行程記載。存疑待考。

楊仲子：以貞卜文字入印之第一人

——徐悲鴻佚文輯釋之四

一

東方藝術史學家、詩人常任俠先生在他的1942年月4日5日的日記中寫到：「以《音樂之淚》一書，寄贈楊仲子。書中描寫者，即仲子故事，易名柳仲琦。仲子遊瑞士，寓路德百樓令夫婦家，住愛德華街三百六十號，與其女瑪第爾德小姐戀愛結婚，皆係事實。習音樂既成，返國後，始知其母為聘表妹蘇馨為妻，致鑄大錯，新舊思想衝突，演此悲劇，固極淒婉也。仲子創作《初戀》、《瀑布之下》、《冰泉的琴韻》、《大風暴》、《晨曦》、《斜陽》、《流浪

11.1　音樂家、教育家、書法篆刻家
　　　 楊仲子先生（1885-1962）

者》、《別後》諸樂曲，今無所聞，當係作者點染，歐人譽為東方之奇星，事或有之。吳大椿為胡小石先生，寫其懼內情形，亦事實也。」

查小說《音樂之淚》的作者黃仲蘇（1896-1975），原名黃玄，安徽舒城人。北京少年中國學會早期成員之一，曾通過《少年中國》向國內讀者介紹泰戈爾，並且創作多篇富有哲理的詩章，成為《少年中國》詩人群中突出的一位。1920年赴美國伊利諾大學，後赴法國，在巴黎大學得碩士學位。回國後在國立武昌師範和東南大學等任教西洋文學、文學概論等課程。黃仲蘇還以筆名更生、醒郎寫小說。編著有《譚心》（第一集）（上海光華書局1927年）、《近代法蘭西文學大綱》（上海中華書局1932年）、《朗誦法》（上海開明書店1936年）等。小說集《音樂之淚》一書，收錄《音樂之淚》、《血》及《悠悠》三篇，1935年由商務印書館出版發行，想來今日難得一見了。如有興致的話，將《音樂之淚》所描寫的主人公履歷及求學、活動時間等，與趙後起《楊仲子傳略》①對照閱讀，除個別處略所出入外（如歸國時間），多與音樂家、書法篆刻家楊仲子經歷相吻合。從作者留學法國，歸國後又在東南大學（即中央大學前身）任教的履歷看，與楊仲子和胡小石這兩位至親相識、相知，得悉書中主人公原型生活頗詳盡，創作出這篇哀婉動人的小說，當是情理之中的事情。胡小石（1888-1962）原名光煒，號夏廬。著名學者，詩人，書法家。楊、胡二位年少時即是極為交好的同學，後楊之胞妹楊秀英與胡情投意合，遂在1910年結為伉儷，1924年又將次子白樺過繼給楊之兄長，通家之好，情意深篤。更令人驚奇處在於

二人同於1962年去世，真應了那句「不求同日生，但求同日死」的老話，使人不勝欷歔。而常任俠1928年考入中央大學中國文學系時師從胡小石，日後又與楊仲子交誼深厚，知曉各自內情，所記當無誤也。

楊仲子（1885-1962）名祖錫，字仲子，號一粟翁。江蘇南京人。音樂教育家，書法篆刻家，我國現代專業音樂教育開拓者之一。1901年考入「江南格致書院」，1904年赴法留學，先後就讀於法國根特大學理學院、圖盧茲大學，獲化學工程師學位。1910年入日內瓦瑞士國立音樂學院，主修鋼琴、作曲、音樂理論，並對中國的古典文學、古文字、西方文學、哲學等深入研修，學貫中西古今，並且成為首開以貞卜文字入金石先河的我國書法篆刻藝術大師。在瑞士求學的後三年，即1917年至1920年間，官方雖然中斷了對楊仲子留學生費用的供給，使他失去了比較優裕的留學生活，不得不走上半工半讀的道路。也就是在這段時間內，他廣泛地接觸了社會和各階層人物及中國留學生，如謝壽康、沈宜甲、徐悲鴻等人。

在蔣碧薇回憶錄中，可以讀到這段文字：

11.2 黃仲蘇著小說集《音樂之淚》，上海商務印書館1934年版封面

那年冬天，有位朋友楊仲子先生，南京人，在瑞士洛桑城學音樂，娶了一位瑞士女郎，聽說我們到來巴黎，一再寫信邀我們到瑞士去。瑞士早有世界公園之稱，徐先生對於那裏的優美風景十分嚮往，便答應楊先生去盤桓幾個月。楊仲子先生的金石書法，造詣非常精深，但是他的作品很少傳世。

　　楊家住在洛桑，洛桑位於日內瓦湖北岸，群山疊翠，湖水澄清，街道依山而築，高低參差，層次分明，尤其清潔整齊，纖塵不染，看來令人賞心悅目。

　　我們在瑞士整整住了半年，楊仲子夫婦非常好客，瑞士人也都殷懇和藹，在這天時，地利，人和的環境中，我們過得十分愉快。唯一的遺憾是因為經濟的不寬裕，沒有機會欣賞一下聞名天下的瑞士雪景，只不過在附近的名勝地區走走罷了。[2]

　　那年冬天，指的就是1919年，徐悲鴻、蔣碧薇到法國巴黎半年多以後的事情，也正是楊仲子自音樂學院畢業即將回國之際。擅長書法篆刻的楊仲子得知徐悲鴻從國內來法學習繪畫，他鄉遇故知，很是樂於與這位才華橫溢、年少十歲的藝術家相交往，他們在一起共論國事，探討藝術，引為知己。在風景如畫的日內瓦湖畔，徐悲鴻勤奮揮毫，創作了不少的書畫和素描作品，並贈送楊仲子繪畫多幅，有《歲寒三友》圖中款署銘其事：「八年歲闌作於羅心之渺一粟齋。悲鴻。仲子學長先生正畫。」至於徐、蔣

二人珍藏的楊仲子篆刻作品，雖不能確定那方出自此時創作、贈與，但深得珍賞保藏，已是無疑的了。

　　1920年春，楊仲子以第一次世界大戰和平委員會中國代表團隨緣的身份，偕妻子楊燕妮（End Jeeny 1887-1956）途徑法國馬賽歸國，先後就任於北京女子高等師範學校、國立北平大學女子文理學院、北京藝術專門學校諸校音樂系，與蕭友梅、劉天華等人一起為開創中國現代音樂教育竭盡全力，成為北方（平）音樂界的代表人物。1928年夏，南京中央大學電邀楊前往赴任，北平音樂界同人為此召開緊急會議，以「擁護北平音樂教育必始終如

11.3　1936年北平女子文理學院音樂系本屆畢業學生告別師長留影。前排左二為楊仲子。（李堯生攝）

一，無論如何不易初衷」
為由，誠懇挽留楊仲子，
共襄設立「國立北平音樂
學院」。為此，天津《北
洋畫報》曾特別刊登介紹
圖文，由昔日旅瑞學友、
主筆馮武越撰文〈記吾友
楊仲子〉，盛讚「其人至
聰慧，凡有所學，多能無
師自通；尤肯悉心研求，
學以益精。」「仲子歸國
以來，對於中國美術，如
治印書畫等，靡不努力鑽
研，自成家數；余不敏，
自愧不如矣。仲子久執教

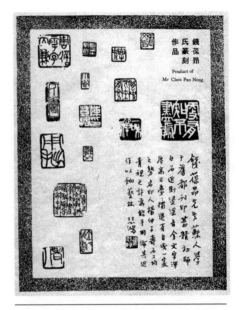

11.4　1932年6月上海《良友》畫報第66期刊
　　　登錢葆昂篆刻作品及徐悲鴻題識文字

鞭於藝專音樂系，造就人才不少，今更應南京中央大學之聘，將
與故都暫別。行前以近作得意作品數種及與其愛子小石之合影見
貽，將先後刊諸北畫，以示世人」，惜別留戀之情躍然紙上。③
楊仲子亦為北平音樂教育大計方針已定，深感自己責任重大，便
決定不負眾望，而留北平，繼續為籌建「國立北平音樂學院」擬
具改組計畫和學院組織大綱草案事宜。

　　是年冬，徐悲鴻受聘擔任北平大學藝術學院院長，不及數月便
辭職南下；楊仲子曾代理院長兼音樂系系主任職，同時期還兼任北
平大學女子文理學院音樂系系主任，直至抗日戰爭爆發。期間，徐

悲鴻數次來平，往來迎送的名單中都少不了楊仲子的名字。在與故都文化藝術界人士的頻繁交往，相互切磋之中，楊仲子的書法篆刻藝術也得以不斷的提升，作品廣見於報刊中，尤其是他的篆刻除喜用甲骨文入印外，也以金文入印，結體亙古幽渺，刀法酣暢淋漓，頗得古璽之妙趣而又能別開生面，齊白石認為他的篆刻「古工秀勁，殊能絕倫」。時人曾有「南楊北齊」之譽。1932年上海的《良友》畫報刊登推介江蘇泰興篆刻家錢葆昂印章，徐悲鴻為之題識：「錢葆昂先生，蘇人，學於舊都，刊印甚精，初師白石，近則浸淫吉金文字，渾厚高古，戛戛獨造，有自成一家之勢，名印人楊仲子壽石工均青視之，許為能手，用布其近作以餉藝林。悲鴻」。這裏，已將楊仲子與金石大家壽石工並為同列推崇之。

二

1937年「盧溝橋事變」發生後，北平淪陷。楊仲子擺脫日偽威逼引誘，喬裝刻字匠人，繞道香港、越南，經雲南、貴州而輾轉抵達陪都重慶，時在1938年秋天。教職公餘之外，孜孜不倦地進行著書法篆刻創作，藉以抒發國破家亡之憂憤哀怨之情。在常任俠日記選《戰雲紀事》④1939-1943年中，可以查閱到與楊仲子、徐悲鴻、胡小石、喬大壯、何秋江、彭漢懷、蔣維崧、唐醉石、沈尹默、馬萬里、呂霞光、馬叔平等人的頻繁交往記錄。這批人常常相互間結伴同遊書肆冷攤，偶得佳石，相與欣賞，刻石為贈。如1939年2月15日所記：「至小石先生處，楊仲子為治『開平王孫』鈢已成。我，明開平王十七世孫也。今王墓淪於

日寇鐵蹄之下，誓當規復中原，以繼先業。」3月13日「在小石家午餐，以大青田一方，請楊仲子刻『飲馬長城窟披髮潁水阿』十字。」1941年8月5日：「五時赴兩路口，乘七時車赴青木關，下車即赴國立音樂院。楊仲子先生新來接院長職，即在其處午餐。」以及本文開頭所引贈書一事，均為難得的研究楊仲子抗戰時期重慶生活的一手材料。

楊仲子這一時期的篆刻作品曾於1944年集成《漂泊西南印集》，其中賦寓的高貴民族氣節和飽滿的愛國熱忱，以及精湛的藝術成就，深得徐悲鴻、常任俠、郭沫若、胡小石等人的極高評價。徐悲鴻為《漂泊西南集》印譜題籤並作詩文相贈，手跡件幸得珍藏，雖曾被多次被研究者摘引，但未見完整收入今人整理之各種徐悲鴻文集中，實為佚文，於此重加刊佈，以留史料。

題楊仲子近刊《西南漂泊集》

較量錙銖費剪裁，常須小技壯夫為；風雲擾攘五千載，郅絳咸陽盡劫灰。

舊日感事一章，即用題仲子學長近刊。

朋輩中負才藝最廣博者莫過仲子。仲子以化學工程師而專攻音樂，更及西洋文學、中國詞章，至於繪事金石乃其最晚出之，緒而精詣亦歷史上之第一流。漂泊之際，終日坎廩如此，但此中樂趣固天所最靳予人者。仲子之享用豐厚，既過常人什百倍，似神仙小謫，應無所用其怨尤也已。　悲鴻甲申

仲子又為以貞卜文字入印製之第一人，尤妙在以刊詞句如「黃華依舊」、「十日九風雨」……等，皆此中傑作，未見可與方比者，因其中有極妙之和聲，非常人所能解悟摹擬也。不佞平生幸事，乃藏得仲子精品近五十方，俱黃鐘大呂之音，雄強高古之作，愧不能似仲子也。慰我者，慰仲子也。⑤

　　楊仲子治印，早期雖宗秦法漢，其志卻在自開生面。他在《雲孫印存》序中寫道：「吾人若僅取法明清，似難脫前人窠臼。抗禮當代名流，拔趙漢，應求至於殷契周金、秦權漢瓦、陶簡泉鏡之間。」正是憑藉獨闢蹊徑，將所擅長甲骨文書法引之入

11.5　徐悲鴻題楊仲子《漂泊西南印集》手跡（1944年）

印，把殷周那些名不見經傳的書家們刊刻於龜甲獸骨上的文字，通過篆刻藝術再現了它瘦勁的體勢，險奇的布白、古趣盎然的風貌，從而開創了印壇的新天地，成就「以貞卜文字入印之第一人」之美譽。徐悲鴻更獨具慧眼，感受到楊氏與眾不同處更在於金石之中寓有音樂之境界，使印作意境更加深刻。郭沫若則為印譜寫下了「殷契周金秦權漢瓦，懷古幽情凝於一石。碧化萇弘赫其有赤，聽之無聲中有霹靂」的讚頌之詞。常任俠曾於1939年得觀楊仲子印譜後寫道：「今讀仲子先生印譜，蒼勁雄渾之氣彷彿遇之江左詞客。孤寂川中知其鬱勃牢騷，唯寄之於大切怒鋒間耳。何日北定中原殲滅群醜，當請先生為作巨印，一吐胸中斗大塊磊也。」這鬱勃胸中的斗大塊磊，即有日寇飛機狂轟濫炸下的飽受苦難之「國破」憤恨，也暗含著篆刻家的瑞士妻子因難以忍受川中艱苦生活而拋夫東去、詩人也正吟唱著憂傷的「蒙古調」的「家亡」痛楚之真實寫照。

1945年夏，年屆甲子的楊仲子，曾致書徐悲鴻問訊起居，大病初癒的徐悲鴻提筆覆函曰：

仲子老兄如唔：

久別渴念，乍得手教，憙（喜）不自勝。上月余鐘志兄曾以近況見告，謂大作在碚之展成績甚好，中心欣慰，特於兄之病傷寒則未有所知，常聞傷寒不死，體必愈健，是知兄後福無量，當前之困特暫時耳。弟以積勞，乃獲血壓過高之病，去秋幾殆，今已大好，惟左耳塞而失聰為不便耳。兄甲子一周，弟焉能不賀？惟是秀才人情，未免

寒酸故態，倘有瓊瑤之報，則更憙（喜）出望外。弟自有
石，但急切未得句，俟他日呈請奏刀，秋涼，弟或來北碚
奉訪，惟
安善，不宣

弟 悲鴻頓首上　六月廿日[⑥]

　　信中所言，除安慰因飽受精神傷害、貧病交加的老友外，也
談及自己因與蔣碧薇離異導致精神痛苦、積勞過度患有高血壓症
和慢性腎臟炎，曾入住重慶中央醫院的情況。大概楊氏的信中提
到希望得到徐氏畫作以為甲子紀念的心願，而徐悲鴻此時年屆半
百生辰（7月5日，農曆五月廿六）在即，故有「倘有瓊瑤之報，
則更憙（喜）出望外」之思。徐悲鴻推崇喜愛楊氏治印，所聚達
五十方之多，嘗隨身攜帶，輾轉四方，每有佳構，鈐印畫上，使
畫印相映生輝。1939年9月間，徐悲鴻應南洋美術界人士之邀，
在新加坡舉辦大規模個人畫展並為抗日戰爭籌款，再次客居至交
黃曼士之「百扇齋」，黃氏遂將徐氏所攜常用印章精品鈐拓兩份
裝訂成冊珍藏，其一由徐悲鴻題簽並識文於前，文曰：「中國晚
近雖文物衰落，但金石文字皆藉印刷術而廣布，治印一門遂造成
空前之瑰麗時代，如此冊之作家，皆往古罕有之人物也。吾幸生
與並世，且與友好，因得償吾無厭之求、沉湎之嗜，謂非幸福
乎？曼士二哥特為拓兩份，亦緣法也。廿八年九月悲鴻志」。並
一一注明作者、印文和印章材料，誠為研究徐氏與印壇名家交往
及二十世紀中國印學史不可多得的珍貴史料。該冊後為香港畫家
經紀中發現而收藏，以《百扇齋主人手拓悲鴻印譜》為名，由北

楊仲子：以貞卜文字入印之第一人

11.6　徐悲鴻題《百扇齋主手拓悲鴻用印》（1939年）

11.7　楊仲子刻「徐悲鴻」印章，注釋文字出自徐悲鴻手筆（選自《百扇齋主手拓悲鴻用印》）

京人民美術出版社2000年出版。其中收錄楊仲子為徐悲鴻治名、閒章等十三方，足見徐氏珍視喜愛之程度。

　　以後楊仲子曾分別任職於國立音樂院院長、國立禮樂館，1947年回南京後，受聘於國立戲劇專科學校，曾任教務主任兼教授，欲創辦樂劇系（歌劇系）未果。中華人民共和國建立後不久，楊仲子在南京市軍管會、文化教育委員會印發的《教職員工生登記表》「對目前形勢認識」一欄內填寫：大時代的開始，全國解放了，大家可以共同努力建設一切。「對今後職業工作的願望」欄內

填寫：從事文化事業，服務教育機關。表達了對新中國建設的美好
期盼，和繼續從事文化事業和音樂教育的意願。這時他已是年逾花
甲體弱多病的老人了，當地政府根據他的特長，安排他擔任南京市
文物保管委員會主任委員，直至1962年1月20日病故。

三

楊仲子篆刻作品在其生前曾有《漂泊西南印集》、《哀哀集
印存》及《懷沙集》等自拓本，似未曾公開出版。

1980年代初期，其夫人毛鏡泉為先夫書法篆刻遺作結集出版事
四處奔走，曾於1982年專程來京，搜集資料，尋訪先夫多年老友。
這天正是「五一」國際勞動節，在音樂家老志誠的陪伴下，楊夫人

拜訪了常任俠先生，講述了1938年底自己逃荒至重慶，與楊相遇，由同情接納到相知相愛，遂相結合的經歷，以及1945年常楊二位自重慶別後，夫妻二人患難相從、甘苦與共的生活狀況，最後談及編輯先夫遺作之願望，當即得到常先生的首肯，並將珍藏楊氏所刻胡小石師集句「飲馬長城窟，披髮潁水阿」鐘鼎文印章，拓文題字贈送來訪二位。四年之後，編輯出版楊氏遺作之事再次提到日程，並得到江蘇省文史研究館、南京市博物館、南京市文物管理委員會等單位及廖靜文、佘雪曼、林散之等諸友好的幫助，特別是廖靜文女士為之聯繫、確定由北京人民美術出版社出版楊仲子篆刻遺稿，並致書常任俠先生，轉達楊夫人懇請撰寫序言的願望，同時轉去楊夫人、江蘇省文史研究館信件。時值常先生患眼疾住院，由夫人郭淑芬代為回覆，待病情稍有好轉，立刻找出珍藏故人舊拓，複印寄出，並遵囑撰就序文一篇，緬懷二人交往情事，對楊仲子篆刻藝術作了高度評價，讀來令人有迴腸盪氣之感。序文不長，抄錄於下，也算是對兩位前賢深厚友誼的見證。

楊仲子金石遺稿序
常任俠

　　楊仲子先生是音樂名家，青年時代，曾赴瑞士學習鋼琴。黃仲蘇作的《音樂之淚》小說書中的主人，就是仲子先生。仲子遠去異國，他的表妹摯情動人閨中久待，造成一段傷心的故事，胡夏盧師曾為我略述梗概，我在五十年前，還未識仲子先生，對他的藝術才華，已經深致景慕。

仲子返國後，帶回一位瑞士夫人，在北京各大學任教。北京人文薈萃，四方名流所集，仲子與喬大壯、陳師曾、姚茫父、壽石工等著名印人相交遊，在刻印藝術上，專力甲骨鐘鼎文，卓然自成一家，古味樸厚，名重一時，所作傳佈藝林，爭以為寶。

一九三七年我從日本返國後，值七七事變，寇盜來侵。北京的各大學，向西南遷移，南京的大學也遷移四川。一九三八年我去武漢政治部三廳，從軍一載，一九三九年春到了重慶，拜看夏廬師，仲子與師為至戚，因得初次相晤，漂泊西南，共同談藝，相交恨晚。這以後就時與仲子先生同游，相共唱和，當兵火彌天的時候，也足以互相慰藉了。

一九四〇年沈尹默先生因馬叔平先生轉介，向我借用羅紋金星硯，寫長詩為贈，我便請他寫一對聯。由於懷念東京的

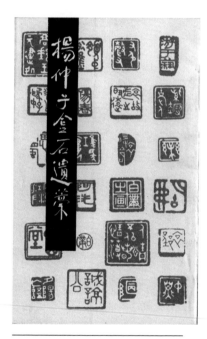

11.9 《楊仲子金石遺稿》封面

楊仲子：以貞卜文字入印之第一人

親人，被戰火分隔，不能相見，撰句是：

西北高樓空佇立，東南孔雀惜分飛

為仲子所見，頗為獎借。尹默先生又作褚河南體楷書，更加跋語，尤為精好難得。時夏盧師也集古詩一聯為贈。聯語是：

飲馬長城窟，披髮穎水阿。

運巨筆如椽，以北碑書體成之。因我生於穎上，有北上抗敵，飲馬長城之志，故師以此相勉。吳興嘉興，兩大書家。照耀南北，各有千秋。仲子先生一時興發，也為我作兩巨印，一刻「開平王孫」，以彰明季勳舊，另一取夏盧師所作十字聯語，納入一印，有如毛鼎散盤，精神貫注，躊躇滿志，這三老的遺作，我至今什襲保存。

到一九四二年的夏季，仲子就任青本關國立音樂學院院長，我在其前也被聘往暑期講學，與仲子相共一月，他的案上有小銅雕貝多芬像，為瑞士夫人臨別所遺，又有大雞血石印一對，藕粉紅鮮。一夕俱羽化飛去。先生強顏為歡，出近作相示。有「哀郢」、「哀江南」、「哀故都之日遠」、「哀莫大於心死」、「傷春」諸印，拓為一紙見贈，時先生悲調重彈。曾以哀曲相告，山中晨夕相對，心境略同。當時國事蝸螗，棲止難定。我於一九四三年去昆明任教，一九四五年應泰戈爾國際大學聘請去印度，至一九四九年春始繞道南海，回到北京，而仲子、夏盧、尹默諸先生皆在南方，彼時南北尚未統一，不能相見。其後歲月荏苒，奄忽懼逝，念我師友，永隔泉壤。前年仲子夫

人毛鏡泉來北京，始知近四十年的情況。毛夫人生於四川農村，初不識字，與仲子患難相從，甘苦與共。結縭以來，仲子教之讀書，漸通文史，梁鴻舉案，仲姬添香，仲子先生的晚年，得唱隨之樂，琴瑟永調。即在醫院之中，也得細心照顧。而他的遺作，在十年暴亂之中，多被匪破壞。幸賴夫人和哲嗣的收集保存，及南京市博物館、文管會、江蘇省文史館的多方協助，得以集為一編。音樂之淚，串為珍珠；金石之聲，織為雅奏，為藝林增添了寶藏，賢內助有很大的貢獻。因回憶昔遊，略作簡介。聞仲子先生的令子小京說，先生逝後，葬金陵南山陵園，墓與夏廬、之佛、抱石諸師友比鄰，十年動亂之中，皆遭破壞，今俱修復。青山埋骨，丹篆揚輝，可以垂世不朽了。

一九八六年八月二十七日於北京

然而，這冊集合了眾多機構和作者家屬、友人情誼的薄薄不足百頁之印譜，直到1991年12月才見出版面世，算是對作者去世三十周年最好的紀念物吧。該書收入作者篆刻作品174方（含邊款，惜無釋文），書法12件，前有眾多友人的題跋文字及書畫作品，後附楊先生哲嗣小粟〈手持霹靂斧　鑿破昆侖情：楊仲子篆刻藝術簡介〉一文。

大江東去，浪淘盡，千古風流人物。從材料中得知，楊氏的篆刻作品當在千方以上，大量作品毀於十年浩劫之中，書中所錄，僅十之一二而已。推想存於私人手中和散見舊報刊及畫集印譜中者當有遺留。筆者曾見報章中刊印其為畫家劉海粟刻「藝術

叛徒」、「海粟章」，為金石家壽石工刻「非浙派」，為壽石工
夫人宋君方刻「海葉」，為畫家姚茫父刻「姚華」，為音樂家劉
天華刻「天華」，為湖南書畫篆刻彭祖復刻「漢懷」諸印，具精
緻之作，所遺可見一斑。自然，《百扇齋主人手拓悲鴻印譜》中
所收楊仲子為徐悲鴻刻印十三方也未及見錄。輯佚增訂的空間尚
待拓展，這，有待來者了。

辛卯小暑後二日於京城殘墨齋

【注釋】

① 趙後起《楊仲子傳略》，《音樂藝術》1993年3期。
② 《蔣碧薇回憶錄》（第一部：我與悲鴻），皇冠叢書第一一〇種，臺灣皇冠
出版社，1966年。
③ 見1928年10月4日《北洋畫報》226期，同期刊發楊仲子及愛子楊小石相片一
幀、馮武越藏楊仲子書甲骨文書聯「好為小文以自遣，樂夫天命複奚疑」。
④ 常任俠著《戰雲紀事》，郭淑芬整理，沈寧編注，台灣，秀威資訊科技股份
有限公司2012年4月出版。
⑤ 手跡件收入粟子編《楊仲子金石遺稿》，北京人民美術出版社1991年12月第1
版。標題為筆者所擬。
⑥ 手跡件收入趙一生、王翼奇主編《香書軒祕藏名人書瀚》（下），浙江古籍
出版社2005年1月出版。

《閒話徐悲鴻》後的閒話

　　閒話者，閒談、題外話也。徐悲鴻先生作為二十世紀傑出的美術家和美術教育家之一，對他的生平回憶、作品鑒賞、回憶研究之文章何止千計，印製圖冊、出版文集和研究專著亦不下百種。其生前辛勤創作，留下大量藝術珍品；悉心培植，傳承一派理論學說，為研究中國近現代藝術發展史重要章節，從而也註定他必將是位說不盡的歷史人物。收錄在這裏的十幾篇文字，既非理論高深的學術論文，也非結構宏偉的研究專著，只是近年來公餘閒暇時讀書思考、查考資料後留下的感想片段而已，不過這些封塵於陳刊舊報和祕藏難露的檔案中有關徐氏佚文、行蹤和與之相關的人物事件、社團組織等史料的重新發現，比對當今這些業已公開發表的文字論述，其歷史資料中一字一文、一事一影所具有的價值在於：可以通過對這些史料真偽的辨析，發現更接近於歷史的真相，將那些由於歷史變遷、政治環境、意識形態、學說流派等原因下被封塵、遮蔽、曲解、戲說諸類現有成說的歷史事件、人物評價得以回置到接近的歷史環境和文化語境中，去重新加以審視、理解和定論。那些採取主觀臆斷和依據虛假材料杜撰的歷史，只能徒增笑料，遠去真相，而且具有學科的危險性。通過對徐悲鴻這位具有代表性的人物佚文、行蹤的史料鉤稽，採取以點帶面、小中見大地命題寫作方式，逐漸將研究內容擴充到其

他相關人物、社團、地域、時期的美術活動之中，有些甚至涉及到被人刻意迴避的特殊時期地域性美術活動範圍內，將有助於端正自身、開拓視野、多維思辨的治學態度，獲取更多的參考資料和追尋資訊。這樣的一種構想，也是將此書作為一種起步，鞭策自勵的表示。

徐悲鴻先生於1935年發表過一篇題為〈閒話〉的短文：「苟有人將剝剩甘蔗一節橡甲半片置於雕塑座上，標其題為和平，或希望、摸索之類陳列於巴黎冬季展覽會，必成一偉大驚人之美術品，必且有多數之好男子、美女人、批評家創論讚揚以詡博雅，無他，因莫名其妙，於題毫不相關，索解不得，便成玄之又玄之迷，一切人造自來伊司暮司均此類也。」但願收錄在這本小冊中的淺顯文字不致落於文不對題、言而無根的詬病，儘管這些微言淺語常常被人不屑一顧，只能當做閒話視之；而「閒話」亦有背後議論他人是非之意，好在這些文字都是先前公開發表過的，不過是在出版之前「背後」略加修訂而已，不當之處，尚祈讀者指正。

多年以來，我時時處在發現的快樂與求證的艱辛相互糾結、歷史真相和現有成說相互碰撞的矛盾心境之中，能夠激勵自己繼續思考下去的動力，源於對真善美的內心追求，自然也包含著對這一時代為推進中國近現代美術事業發展做出積極貢獻的前輩們的景仰之情。

朱天傑、蔡登山先生對我的鼓勵和幫助，秀威資訊科技股份有限公司接納本書的出版及責編劉璞先生在出版過程中認真負責的敬業精神，都是令人心存感念的。

僅以本書的出版紀念徐悲鴻先生逝世六十周年。

沈寧　壬辰年立冬日於北京殘墨齋

閒話徐悲鴻

新銳文叢31　PC0295

新銳文創　閒話徐悲鴻
INDEPENDENT & UNIQUE

作　者	沈　寧
主　編	蔡登山
責任編輯	劉　璞
圖文排版	彭君如
封面設計	秦禎翊

出版策劃　新銳文創
製作發行　秀威資訊科技股份有限公司
　　　　　114 台北市內湖區瑞光路76巷65號1樓
　　　　　電話：+886-2-2796-3638　傳真：+886-2-2796-1377
　　　　　服務信箱：service@showwe.com.tw
　　　　　http://www.showwe.com.tw
郵政劃撥　19563868　戶名：秀威資訊科技股份有限公司
展售門市　國家書店【松江門市】
　　　　　104 台北市中山區松江路209號1樓
　　　　　電話：+886-2-2518-0207　傳真：+886-2-2518-0778
網路訂購　秀威網路書店：http://www.bodbooks.com.tw
　　　　　國家網路書店：http://www.govbooks.com.tw
法律顧問　毛國樑　律師
圖書經銷　貿騰發賣股份有限公司
　　　　　235 新北市中和區中正路880號14樓
　　　　　電話：+886-2-8227-5988　傳真：+886-2-8227-5989

出版日期　2013年3月　BOD一版
定　價　240元

國家圖書館出版品預行編目

閒話徐悲鴻 / 沈寧著. -- 一版. -- 臺北市：新銳文創,
 2013. 03
　面；　公分
 ISBN 978-986-5915-63-6 (平裝)

 1. 徐悲鴻　2. 傳記

782.887　　　　　　　　　　　102002599

讀者回函卡

感謝您購買本書,為提升服務品質,請填妥以下資料,將讀者回函卡直接寄
回或傳真本公司,收到您的寶貴意見後,我們會收藏記錄及檢討,謝謝!
如您需要了解本公司最新出版書目、購書優惠或企劃活動,歡迎您上網查詢
或下載相關資料:http:// www.showwe.com.tw

您購買的書名:_____

出生日期:_____年_____月_____日

學歷:□高中 (含) 以下　　□大專　　□研究所 (含) 以上

職業:□製造業　□金融業　□資訊業　□軍警　□傳播業　□自由業
　　　□服務業　□公務員　□教職　　□學生　□家管　　□其它____

購書地點:□網路書店　□實體書店　□書展　□郵購　□贈閱　□其他

您從何得知本書的消息?

　　□網路書店　□實體書店　□網路搜尋　□電子報　□書訊　□雜誌
　　□傳播媒體　□親友推薦　□網站推薦　□部落格　□其他_____

您對本書的評價:(請填代號 1.非常滿意 2.滿意 3.尚可 4.再改進)

　　封面設計____ 版面編排____ 內容____ 文╱譯筆____ 價格____

讀完書後您覺得:

　　□很有收穫　□有收穫　□收穫不多　□沒收穫

對我們的建議:_____

_____

_____

_____

11466
台北市內湖區瑞光路 76 巷 65 號 1 樓

秀威資訊科技股份有限公司　　　收

BOD 數位出版事業部

....

（請沿線對折寄回，謝謝！）

姓　　名：＿＿＿＿＿＿＿＿＿＿　　年齡：＿＿＿＿＿　　性別：□女　□男

郵遞區號：□□□□□

地　　址：＿＿＿＿＿＿＿＿＿＿＿＿＿＿＿＿＿＿＿＿＿＿＿＿

聯絡電話：(日) ＿＿＿＿＿＿＿＿＿＿＿　(夜) ＿＿＿＿＿＿＿＿＿＿＿

E - m a i l：＿＿＿＿＿＿＿＿＿＿＿＿＿＿＿＿＿＿＿＿＿＿＿